Frank Lilie

Gott wird Klang

Frank Lilie

Gott wird Klang

Geistliches Fruchtkörblein

Fromm Verlag

Impressum/Imprint (nur für Deutschland/ only for Germany)
Bibliografische Information der Deutschen Nationalbibliothek: Die Deutsche Nationalbibliothek verzeichnet diese Publikation in der Deutschen Nationalbibliografie; detaillierte bibliografische Daten sind im Internet über http://dnb.d-nb.de abrufbar.

Coverbild: www.ingimage.com

Contact:
International Book Market Service Ltd., 17 Rue Meldrum, Beau Bassin, 1713-01 Mauritius
Website: www.bookmarketservice.com
Email: info@bookmarketservice.com

Gedruckt in: USA, UK, Deutschland. Dieses Buch wurde nicht in Mauritius produziert.

Imprint (only for USA, GB)
Bibliographic information published by the Deutsche Nationalbibliothek: The Deutsche Nationalbibliothek lists this publication in the Deutsche Nationalbibliografie; detailed bibliographic data are available in the Internet at http://dnb.d-nb.de.

Cover image: www.ingimage.com

Contact:
International Book Market Service Ltd., 17 Rue Meldrum, Beau Bassin, 1713-01 Mauritius
Website: www.bookmarketservice.com
Email: info@bookmarketservice.com

Printed in: U.S.A., U.K., Germany. This book was not produced in Mauritius.

ISBN: 978-3-8416-0309-8

Frank Lilie

Gott wird Klang – Geistliches Fruchtkörblein

meinen Brüdern

in der

Evangelischen Michaelsbruderschaft

Katalog

***

Zur Dichtung

Einstimmung

„Hat er was rausgekriegt?“ Als der Weise Laotse in die Emigration ging, ritt er auf seinem Ochsen gemächlich bis an die Grenze des chinesischen Reiches. Dort wurde er von einem pflichtbewussten Zöllner aufgehalten und gefragt, ob er Kostbarkeiten zu verzollen habe. *„Keine*“, antwortete der Weise. Und erklärend fügte sein junger Begleiter hinzu: *„Er hat gelehrt.“* Wer lehrt, hat keine großen Besitztümer bei sich. Und seine Konterbande trägt er im Kopf und im Herzen. In seinem Gedicht über diese Begebenheit lässt Bert Brecht den Zöllner *„in einer heitren Regung“* nachfragen: *„Hat er was rausgekriegt?“* Darum soll es auch in den Beiträgen dieses Bandes gehen, zu sehen, ob man was rauskriegen kann. Wie weise die Antworten sind, steht dahin, aber Versuche, immerhin, das sollen sie sein. Über Laotse hieß es als Antwort auf die Zöllnerfrage *„Dass das weiche Wasser in Bewegung/ Mit der Zeit den mächtigen Stein besiegt./ Du verstehst, das Harte unterliegt.“* Welche Antwort geben wir heute den Zöllnern, die wissen wollen, womit wir unsere Zeit und unser Nachdenken verbringen? Es wäre schon hilfreich, ab und zu würde uns ein Zöllner in den Weg treten und von uns Antwort erwarten.

In verschiedenen Aufsätzen und Betrachtungen geht es um den Glauben selbst als eine unserer Grundbefindlichkeiten, der wir uns von der Theologie und von der Dichtung aus nähern. Freilich ist eine solche Befindlichkeit nur Grund, indem sie einen Gegenstand besitzt. Glaube verdankt sich einem Gegenüber. Und christlicher Glaube ist Glaube von Jesus als dem Christus her. Der Untertitel *„Geistliches Fruchtkörblein*“ ist eine kleine Verbeugung vor Dichtungen der Barockzeit, für die gern solche hortologischen Bezeichnungen gewählt wurden. Auch aus einem Obstkorb sollte nicht gleich alles gegessen werden, damit man sich nicht den Magen verdirbt. Aber man sollte seinen Inhalt auch nicht zu lange aufbewahren, denn was darin gesammelt ist, hat seine Zeit; manches kann überreif werden. Zum Anschauen allein ist der Korb nicht gefüllt worden. Ob das Obst gut ist, kann man nur merken, wenn man probiert. Auch das muss man herauskriegen.

Freienhagen im Frühjahr 2012

Frank Lilie

Zur Theologie

*„Drei Dinge machen einen Theologen:
die Meditation oder Nachsinnung, das Gebet und die Anfechtung."*

Martin Luther

Gott wird Klang – Erfahrungen mit Psalmen

Viel meinen wir über Gott zu wissen. Gott wird Mensch, so lautet das weihnachtliche Bekenntnis der Kirche. Gottes Wort wird Buch, so sagt es der Moslem. Hat schon einmal jemand davon gesprochen, dass Gott auch Klang werden kann? Ich kenne einen ähnlichen Satz aus dem Bereich des indischen Denkens: Nada Brahma, Gott ist Klang. Was der Sanskrit-Ausdruck wohl besagen mag? Es wird mir verschlossen bleiben, denn ich bin kein Hindu. Ich bin Christ und möchte von meinen Erfahrungen mit dem Klang berichten. Genauer: Mit dem Klangraum der Psalmen, der Gregorianik und mit den Spuren Gottes, die ich darin entdecken konnte. Warum *Klangraum*, warum gerade die *Gregorianik* und warum gerade der *Psalmengesang*? Ich will erzählen.

Mit Jugendlichen im Stundengebet

Regelmäßig fahre ich mit Schülern und Schülerinnen zu Einkehrtagen in das Benediktinerkloster Meschede. Es sind meist kleine Gruppen von jungen Leuten zwischen 17 und 19 Jahre, die oft noch nie ein Kloster betreten haben. Christlich sozialisiert sind sie zwar alle. Aber die Tradition des gregorianischen Gesangs ist ihnen fremd und dieses Leben aus dem Gebet der Psalmen für sie etwas verstörend Neues. Denn das erkennen sie rasch: Das klösterliche Leben bezieht seinen Sinn und seine Rechtfertigung allein aus der Hinordnung auf den Gottesdienst. In den ersten Stundengebeten, der Vesper und der Komplet, sitzen sie noch stumm dabei. Doch schon am folgenden Tag entdecken sie die Ordnungen, nach denen die Horen aufgebaut sind und beginnen, die Bänder in das Antiphonale einzulegen. Und bereits in der Vesper des zweiten Tages singen die ersten mit, leise zwar, aber doch sehr bewusst. Am letzten der meist vier Tage ist es geradezu Ehrensache, schon die Matutin um 5.30 Uhr und die Laudes um 6.45 Uhr zu besuchen.

Man wird so ruhig, sagte eine der Schülerinnen über diese Form des Betens. Natürlich gefällt den Jugendlichen die Ehrlichkeit des Paters, der im Gespräch zugibt, beim Psalmgebet mit den Gedanken nicht immer dabei zu sein. Doch gleich ergibt sich auch die Frage: Kommt es hier denn überhaupt auf den Grad unseres Bewusstseins, unserer Wachheit an? Ist das Gebet nicht ohnehin ein Sichausliefern an Gott und gerade keine intellektuelle Leistung? Freilich gibt es auch im geistlichen Leben Schwankungen der Intensität, vielleicht muss es sie gerade da geben! Aber umso wichtiger dann das Regelmaß, das über die persönlichen Schwankungen hinweg trägt. Die Gemeinschaft hält den Einzelnen, der Einzelne gibt sich der Gemeinschaft. Gregorianik ist eigentlich nicht schwer, stellte eine andere Schülerin fest. Der Kenner weiß, dass sie sehr schwer, sehr komplex sein kann. In den letzten Jahren ist immens geforscht worden und die Ergebnisse hören sich wunderbar an. Aber in der Schlichtheit dieses Urteils, Gregorianik sei nicht schwer, steckt ja auch die dankbare Erkenntnis, dass das gesungene Gebet eben keine komplizierte Sache ist, ja sein darf! Würden sich Komplikation und Gebet nicht sogar gegenseitig ausschließen?

Die Gregorianik hat noch jeden Jugendlichen erreicht und eine Wirkung erzielt, ob nun begeisterte Zustimmung oder Ablehnung – gleichgültig ließ sie keinen. Und das ist das Entscheidende: Gregorianik ist in der Lage anzurühren, gerade durch ihre Fremdheit, die mit der heutigen Tonsprache nicht im Entferntesten vergleichbar ist. Selbst in der Verstimmung durch diese Musik steckt ja noch Anspruch. Freilich, Jugendliche sind rasch bei der Hand mit Geschmacksurteilen, die in das Gewand heftiger Verdikte gekleidet werden. Aber ob in diesen spontan-unreflektierten Urteilen nicht doch auch die Suche nach dem Gültigen spricht, nach dem Authentischen? Gewiss ist hier noch nicht das Allgemeine erreicht, aber verbirgt sich in der schnell hingeworfenen Phrase nicht erkennbarer die Frage danach als in vielen theologischen Reflexionen? Gott, der Heilige, Unnahbare, will mein Gott werden.

Musik oder Wort?

Was hat den Vorrang in der Gregorianik, das Wort oder die Musik? Lange Zeit dachte man vom Ton her, doch allmählich erkannte man, dass hier die Sprache im Mittelpunkt steht, genauer: das Wort, ganz genau: das Gotteswort! Denn um dessen Hörbachmachung geht es. Ist es nicht eigenartig, dass es gerade dieses uralte jüdische Gebetbuch ist, das bis heute seinen festen Platz im christlichen Gotteslob hat? Gesprochen, gesungen, monodisch, in komplexen Chorsätzen. Wir wissen schon, wie es geschichtlich zusammenhängt, dass die 150 hebräischen Psalmen in die Kirche kamen, aber es bleibt dennoch verwunderlich. Es hätte ja auch sein können, dass die Begeisterung über das Christusereignis zu ganz neuen Gesängen angespornt hätte (wie etwa der Philipperhymnus zeigt), aber nein, der Psalter sollte es sein, gleichsam getauft zwar durch die Anfügung der Doxologie, aber eben doch ganz im Judentum verwurzelt. In jedem Gottesdienst, auch heute noch, ein Bekenntnis zum Ursprung des Christentums, ein Dank an den Glauben der Patriarchen und ein Gebet zu dem einen Schöpfergott. Es ist diese jüdische Abkunft aus dem radikalen Monotheismus, die uns vor der Vergötzung des Materiellen zu bewahren vermag.

Musik rührt an. Sie kann tief eindringen in unseren Gedächtnisraum und es bedarf oftmals nur einiger weniger gehörter Noten, um ein Musikstück zu erinnern und mit ihm oft sogar Umstände der Begegnung mit ihm. Ist Gregorianik Musik in diesem emotionalen Sinne? Das wird man so nicht sagen können. Denn in erstaunlicher Weise nimmt sich der Ton in der Gregorianik so zurück, dass das Wort in den Vordergrund treten kann. Und auch der Sänger, der psalmodiert, leiht seine Stimme. Er ist kein Interpret, er ist Verkünder, er wird zum Resonanzboden. Darum ist es eigentlich ein groteskes Missverständnis, wenn Gregorianisches 'aufgeführt' oder 'verpopt' wird – aber man soll dem Geist Gottes nie vorgreifen, vielleicht wirkt er ja auch hier. In der Psalmodie singt nicht nur der Sänger, die Schola, der Konvent, es singt immer die ganze Kirche mit, die gegenwärtige wie die der Vergangenheit – so, wie eben auch das Glaubensbekenntnis nicht das des Einzelnen, sondern das Bekenntnis der Kirche ist. Die älteste Musik Europas, die bis heute erklingt, ist Gotteslob! Selbst die reformatorischen Kirchen wollten diesen Strom nicht verlassen. Bis heute bildet der gregorianische Choral das Gerüst des abendländischen Gottesdienstes. Wenn wir den Stammteil des Evangelischen Gesangbuches (EG) durchblättern, finden wir zwar nur wenige Gemeindechoräle, die auf die Gregorianik zurückführen, aber im Abschnitt für das Ordinarium kann man etliche Stücke entdecken, die so schon in den ersten christlichen Jahrhunderten erklungen sind (EG 178.1; 178.4; 178.5; 179; 181.1; 181.2; 181.3; 185.2; 186). Tradition trägt. Und gesungene Tradition ganz offensichtlich noch mehr. Der Gemeindegesang des lutherischen Gottesdienstes ist gewiss eine große Errungenschaft, denn nun konnte sich die Gemeinde aktiv beteiligen. Auch die römische Messe ist heute nicht mehr ohne den gemeinsamen Choral denkbar. Doch es sind gerade die liturgischen Stücke, die bis in die Frühzeit der Kirche zurückreichen und uns deutlich machen, dass die eine Kirche aus der Tradition lebt und sich nicht der jeweiligen Gegenwart verdankt. Sie ist Abgesandte einer Stiftung, die uns trägt, nicht umgekehrt. In ihren alten Bekenntnissen und Gebeten und eben auch in der Psalmodie drückt sie gerade dies aus.

In der gregorianischen Weise der Psalmodie gehen Wort und Ton eine Verbindung ein, die es so in unserer Umwelt nicht gibt. Inhalt und Form sind hier nicht mehr voneinander zu trennen. Auch wenn vom Wort her gedacht wird, ist nicht das Wort der Inhalt, dem sich der Ton als Form anzudienen hätte. Das liegt daran, dass nicht *etwas* ausgedrückt werden soll wie sonst bei der gesanglichen Interpretation, sondern gerade das Menschliche zurückzutreten hat, um dem Göttlichen den Raum zu lassen. Gotteslob: Der Psalmsänger *will* nicht primär etwas, wie im gesprochenen Gebet, in dem seine Bitten, Wünsche, Sorgen, sein Danken und seine Freude zum Ausdruck kommen, sondern er lobt Gott. Damit wird eine spirituelle Grundhaltung erkennbar, die neben das gesprochene Gebet und die Meditation tritt. Psalmen zu beten bedeutet, von Gott nichts zu wollen, sondern sich ihm auszuliefern, in der Psalmodie gar singend: Hier bin ich, ich lobe Dich! Ich lobe Dich, also bin ich!

Der Klangraum

Im Raum erleben wir uns leiblich. Wir sind Leib, weil wir Raum haben und wir haben Raum, weil wir leibliche Wesen sind. Und leiblich heißt immer auch sterblich. Nur was keine Ausdehnung hat, was unräumlich ist, muss nicht sterben. Wir müssen sterben. Also brauchen wir Raum. Es gibt vielerlei Räume, in denen wir existieren, Gebäuderäume ebenso wie ideelle Räume der Moral, der Geschichte, des Staates, der Beziehung. Und es gibt den Klangraum, der uns umfasst, wenn uns Musik und Geräusch erreicht. Das Hören von Musik eröffnet einen Raum um uns mit eigenen Gesetzen und eigenen Erfahrungen. Dies hängt unmittelbar mit unserer Leiblichkeit zusammen. Während ich dies schreibe, höre ich ein Klavierkonzert von Mozart. Die Herkunft des Klanges kann ich zwar orten, es sind die

Lautsprecher. Aber indem der Klang von dort ausgeht und mich erreicht, kann ich die Musik nicht bloß mit dem Sinnesorgan Ohr hören, sondern nehme sie in einem mich buchstäblich umfassenden Sinn wahr. Die Musik bildet mich in meiner Leiblichkeit ab. Das Ohr wird zur Pforte zu mir, zu meinem Selbst.

Forschungen an Embryonen zeigen uns, wie früh das Hören erwacht. Das Ohr ist das erste entwickelte menschliche Organ, dessen Genese bereits am zweiundzwanzigsten Tag beginnt. Das Innenohr bildet sich im dritten Lebensmonat aus, drei Monate später sind Innen-, Mittel- und Außenohr fertig. Ein Mediziner schwärmte: *„Wir schweben in einer Symphonie aus dem Herzschlag und dem Atem unserer Mutter, dem Klang ihrer Stimme und dem fernen Anklang der großen, weiten Welt. Prägend für unser weiteres Leben sind vor allem die Fließgeräusche des Blutes, begleitet von den stetigen Rhythmen des Herzens und des Atmens.“* Hier wird der Klangraum sinnenhaftes Erleben. Das Ohr wird die erste Pforte zur Welt. Muslime wissen dies, wenn sie einem Neugeborenen und auch einem Sterbenden das islamische Glaubensbekenntnis ins Ohr sagen. Das Vorwort der Benediktusregel beginnt: *„Höre, mein Sohn, auf die Lehren des Meisters und neige das Ohr deines Herzens.“* Das Herz hat keine Ohren, das weiß auch Benedikt. Er weiß aber, dass wir das uns Gehörte ganz besonders zu Herzen nehmen können. Wir sind unverwechselbar wir selber, keiner kann uns das Hören abnehmen, seit unseren embryonalen Lebenstagen nicht. Im Hören sind wir wir selbst, wir sind Leib. Und darin sind wir Gottes!

Darum erlaube ich mir nun, den Eingangssatz zu wiederholen, der durch keine kirchliche Dogmatik gedeckt ist: Gott ist Klang. Vielleicht sollte ich doch vorsichtiger sein und nicht von einer Identifikation sprechen: Gott wird Klang. Indem er in Christus Mensch wird und damit Leib, wird er für uns Sterbliche erfahrbar. Und davon höre ich im jüdisch-christlichen Psalmodieren. Ich höre es nicht in einem intellektuellen Sinne, es wird mir nicht ein Neues mitgeteilt, sondern ich höre mit den Ohren des Herzens: Ich lausche auf mich, ich lausche auf den sich mir zuwendenden Gott. Er will mir nicht ein Etwas mitteilen, er teilt sich mit mir. Ein Eines entsteht, - mitunter, in kleinen Momenten, sogar eine Einheit. Die Musik der Psalmen gewinnt, gerade weil sie absichtslos nur Gott lobt, so einen sakramental zu nennenden Charakter. Lässt sich das Mysterium Gottes durch Musik erfahrbar machen? fragt ein benediktinischer Theologe. Und wagt dann die Antwort: *„Ihre Wirkung erzielt sie immateriell; sie transportiert das Unantastbare, Unsichtbare des Mysteriums und verschafft ihm, einem Botenstoff gleich, Eingang in das Herz des Menschen.“* Gott wird Klang. Unter uns, in uns, um uns ist er vernehmbar. Und wir aus ihm.

Der schweigende Glaube

„Wer die Theologie, sowohl diejenige des christlichen Glaubens als auch diejenige der Philosophie, aus gewachsener Herkunft erfahren hat, zieht es heute vor, im Bereich des Denkens von Gott zu schweigen" (Martin Heidegger, Identität und Differenz, Pfullingen 1957, S. 51). Schweigen von Gott? Ist das statthaft für eine Religion, die sich selbst dem Wort verdankt *(„So kommt der Glaube aus der Predigt, das Predigen aber durch das Wort Gottes"* Röm 10, 11*) und durch das Wort weitergegeben werden soll („Wes das Herz voll ist, des geht der Mund über“* Mt 12, 34b)? Martin Heidegger war nicht nur Philosoph, sondern hatte seine akademische Laufbahn in der römisch-katholischen Kirche begonnen. Durch Studium und Lehre war er mit der Überlieferung des christlichen Glaubens und seiner denkerischen Ergründung und Durchdringung vertraut; er wusste also, warum er dem Schweigen das Wort redete. Und er trifft damit auch Erfahrungen von Christen, die unter der herrschenden Gewalt durch Worte in den Kirchen leiden. Verkommt das Wort nicht häufig zum bloßen Gerede? Wie oft ist die Verantwortung im Umgang mit dem der Kirche anvertrauten Wort zu vermissen, wenn das, was glaubensweckend und -stärkend sein soll, zum Geklingel wird, zum Klappern des Predigthandwerks. Und wie oft scheint die Alternative zur schlechten nicht die bessere, sondern gar keine Predigt zu sein! Von Gott zu schweigen kann hier von tieferer Ehrfurcht vor dem Wort zeugen als die kirchlichen Anfälle von Wortdiarrhöe, die einem vorgeblichen Bescheidwissen über Gott und einer sich selbstbewusst spreizenden Christlichkeit entspringen und von den Abgründen des Glaubens nichts wissen. Der Glaube ist nicht nur Höhe, nicht bloß Licht und Fülle, sondern hat auch seine Dunkelseiten. Er ist mitunter sehr einsam mit sich und Gott. Auch das führt ihn zum Stillwerden.

Leiden an Gott

Christlicher Glaube, so lehrt es die Kirche mit Blick auf die Heilige Schrift, ist Glaube aus dem Evangelium, aus der frohen Botschaft, der guten Nachricht („*Und Jesus ging umher ... und predigte das Evangelium von dem Reich und heilte allerlei Seuche und Krankheit im Volk*" Mt 4, 23). Glaube soll also Befreiung sein, Freiheit nicht nur von falschen, versklavenden Bindungen, sondern auch zu einem frohen und gelassenen Vertrauen auf Gott. Freilich gibt es diese Erfahrungen. Doch oftmals verweigert sich das angeblich Frohmachende des Glaubens, ohne dass die Bindung an Gott dadurch preisgegeben würde! Nietzsche, der große Theologe des neunzehnten Jahrhunderts, hat es mit Häme bemerkt, wie oft christlicher Selbstanspruch und Glaubenswirklichkeit auseinanderklaffen. *„Bessere Lieder müssten sie mir singen, dass ich an ihren Erlöser glauben lerne; erlöster müssten mir seine Jünger aussehen!“* (Friedrich Nietzsche, Also sprach Zarathustra).
Hat er recht? Wie oft haben sich Christen, nicht unbedingt eingedenk dieser Zeilen, doch in ihrem Sinne, mit ihrem Glauben unter Druck gesetzt oder setzen lassen: Ja, erlöster müssten wir wirken, freier, fröhlicher, wenn denn das Evangelium eine Botschaft von der Erlösung, der Freiheit und der Fröhlichkeit sein soll! Die Angst um die Glaubwürdigkeit tritt vor den Glauben, der Glaube glaubt nicht mehr bloß, sondern schaut sich selbst dabei zu und wird zu einer Bemühung, einem Werk. Insonderheit die pietistischen Spielarten des Christentums erliegen dieser inneren Gefährdung immer wieder.

Gibt es das, einen Glauben, der sich als Bindung an Gott entdeckt, dessen jedoch nicht sofort und zugleich froh wird, sondern ihn als ein Widerfahrnis oder gar als Verhängnis erfährt? Karl Rahner hat einst über die Unausweichlichkeit des Wortes *„Gott*" meditiert und bemerkt, dass wir es erleidend hören, denn *„es kommt auf uns zu in der Sprachgeschichte, in die* *wir, ob wir wollen oder nicht, eingefangen sind, die uns, die einzelnen, stellt und fragt, ohne selbst in unserer Verfügung zu sein“* (Karl Rahner, *„Meditation über das Wort ‚Gott‘“*, in: Wer ist das eigentlich – Gott?, Frankfurt 1975). Geht diese Beobachtung nicht über den Bereich der Sprache hinaus und wird zur Beschreibung eines Ergehens, einer Erfahrung, mithin also eines Erleidens? Gott los zu werden, gottlos - ist das möglich? Ist das denkbar für einen fragenden, suchenden und auf Vergewisserung hoffenden Menschen, der einmal dem Gottesgedanken begegnet ist? Gedanken können über den Bereich der Rationalität hinausdrängen und damit zeigen, dass sie den Anspruch haben, die Wirklichkeit nicht nur zu beschreiben, sondern zu begreifen oder auch zu spiegeln. Folgen wir dem, so kann das Nachdenken über Gott Teil oder gar Ausdruck eines Erlebens Gottes sein, das sich so erst entdeckt und nicht gemacht werden kann! Nicht wir werden auf Gott gebracht, sondern Gott bringt sich auf uns. Der Schluss mag logisch nicht zwingend sein, drängt sich aber auf, weil er aus der Erkenntnis kommt, dass wir nie, niemals auf das Fragen, Suchen und Forschen verzichten können, das auf Letztes zielt, auf Gültiges, Tragendes, auf eine Wirklichkeit, die zugleich hält, begründet, erklärt und verstehen lässt. Die Tradition, und nicht nur die christliche, legt solcher Wirklichkeit den Ehrennamen *„Gott*" zu.

Was aber nun, wenn die Erfahrung Gottes nicht zuerst drängend eine befreiende ist? Was, wenn sie sich einstellt und dennoch nicht zum Glück wird? Ist sie dann unwahr, Ausdruck einer Selbsttäuschung - oder vielleicht Rinnsal aus einer Quelle, die sich nicht aus der gängigen und erwarteten Rede von der Frohbotschaft speist, sondern aus dem Dunkel stammt, aus dem Urgestein, das uns Untergrund sein will? Versagt uns hier nicht die Sprache der Predigt, der Verkündigung, der Theorie, ja der Theologie überhaupt? Ist dann nicht das staunende Schweigen angemessener? Allenfalls das Gebet kann eine Annäherung wagen: Gott - wir müssen Dich hinnehmen, müssen Deinen Anspruch auf uns erdulden, Dein Wirken. Und gerade dadurch bist Du an uns groß und machst uns zu Deinen Gefangenen. Mitunter können wir uns nicht gegen Dich zur Wehr setzen, Du tauchst auf in unseren Gedanken, in unseren Bildern, in unserem Leben - ungefragt und manchmal ungebilligt. Du bist da. Auch wenn ich es nicht gewollt habe: Du bist da! Ich kann nicht ohne Dich sein, bin ohne Dich nicht denkbar, ich bin Dein!

Hingabe und Hinnahme

Gott ausgeliefert zu sein und ihn hinnehmen zu müssen - das kann ein Teil unseres Leidens an der Welt sein. Die Grammatik lehrt uns jedoch nun, dass die Leidensform der Verben (also ihr Passivum) immer auch ein Akzeptieren umfasst, neben der Hinnahme also das aktivere Moment des Zulassens enthält (im Lateinischen bedeutet *patior* = erdulden/erleiden auch zulassen, zugeben und gestatten). Hinnahme drängt zur Hingabe. Darin liegt keine Zwangsläufigkeit. Wer sich hingibt, bewahrt sich noch immer die Herrschaft über die Notwendigkeit und möchte so frei bleiben. Wer sich genommen weiß, muss sich nicht gleicherweise gegeben wissen; er will sich immer noch selbst geben, möchte also in das, was ihm geschickt ist, einwilligen können. Unsere Freiheit beruht hier darauf, sich in das Gegebene zu schicken. Wir stehen vor einer genuin religiösen Erfahrung, die sich in vielen Weltreligionen findet. Ist das jüdische Credo *(„Höre, Israel, der Herr; unser Gott ist ein einiger Herr. Und du sollst den Herrn, deinen Gott, liebhaben von ganzem Herzen, von ganzer Seele, von allem Vermögen"* 5. Mose 6, 4 f.) so weit vom Bekenntnis des Islam entfernt, der in Allah den Richter, den Erbarmer und Wegweiser erkennt (Sure 1 des Koran und Eröffnung jeder weiteren Sure *„Im Namen Allahs, des Erbarmers, des Barmherzigen!"*)? *„Die Pflicht des Menschen ist es, sich von ganzem Herzen, ganzer Seele und ganzem Gemüte diesem einzigen Gott, dem Allmächtigen, dem Barmherzigen, dem*

Erbarmer ... hinzugeben" (Annemarie Schimmel, Der Islam – eine Einführung, Stuttgart 1990).

Dass die Gottheit uns herausfordert, ist eine allreligiöse Einsicht. Die Bindung an Gott, also der Glaube, umfasst somit zwei Seiten, nämlich die liebende *Hingabe* und die *Hinnahme*, also die Erfahrung Gottes als Widerfahrnis. *Hinnahme* und *Hingabe* drängen mich jedenfalls im religiösen Bereich aus meiner bloßen Passivität heraus und verlangen nach einer Antwort. Wir sind nicht mehr dieselben, wenn uns der Anruf Gottes erreicht: Lass dich auf mich ein, ich werde dir einen Sinn zeigen, von dem du nichts geahnt hast. Denn du bist mein!

Die Theodizeefrage als Frage nach dem Sinn

Bindung an Gott, ihm ausgeliefert zu sein in einem Verhältnis, das nicht wir uns ausgesucht haben, in das wir jedoch einwilligen sollen - so kann sich der Glaube entdecken, wenn er nach seinem Ursprung fragt. Er kann nicht gemacht werden, ist kein Produkt irgendeiner Anstrengung, sondern ist Ausdruck unserer Geschöpflichkeit! *„Ich glaube, dass mich Gott geschaffen hat ... aus lauter väterlicher, göttlicher Güte und Barmherzigkeit ohn all mein Verdienst und Wirdigkeit"* schärfte Luther uns ein (Der Kleine Katechismus). Als Geschöpf habe ich immer schon ein Gottesverhältnis - ich muss, mich hingebend und Gott hinnehmend, dessen lediglich inne werden. Schleiermacher erkannte in diesem Verhältnis ein ursprüngliches und absolutes (schlechthinniges) Abhängigkeitsgefühl': Wir sind immer bereits auf Gott verwiesen, tragen ihn gleichsam mit uns, an uns und in uns - mitunter mehr oder weniger deutlich. Aber ohne ihn sind wir nie. Wir müssen ihn erleiden.

Das ist gewiss nicht die einzige Facette des Glaubens. Es ist seine *Dunkelseite* und hat damit auch etwas Unheimliches, weil wir hier vor den Abgründen unserer Seele stehen. Womöglich haben wir aber einen Weg zum Verständnis der Dunkelseite Gottes! Wie ist es denkbar, dass Gott, dem wir Hoheitsprädikate wie Vater, Mutter, König oder Richter beilegen, dem Bösen gegenüber so hilflos scheint, so ganz und gar unherrscherlich? Wie kann er das Übel nur zulassen? So verhält sich doch kein väterlicher, kein gerechter Gott! Oder ist er vielleicht nicht gerecht, nicht allmächtig? Wenn ein Gott ist, was durch die Erfahrungen mit dem Bösen und dem Leiden manchem mitunter zweifelhaft wird, so muss er gerechtfertigt werden, soll er überhaupt noch Vertrauen verdienen. Wir stehen vor dem Theodizee-Problem. Es war wohl zuerst der griechische Philosoph Epikur (342/341 – 271/270 v. Chr.), der die bis heute nicht befriedigend beantworteten Fragen dieses Problems stellte: Entweder will Gott das Übel in der Welt aufheben, kann es aber nicht; oder er kann zwar, will jedoch nicht; oder er will weder, noch kann er; oder er will und kann auch. Die drei ersten Fälle sind in Hinsicht auf einen Gott undenkbar; der letzte verträgt sich nicht mit dem tatsächlichen Vorhandensein des Übels.

Doch was würde für den Glauben durch eine noch so umfassende Antwort auf das Theodizee-Problem ausgetragen? Ist hier nicht eher eine denkerische, eine theoretische Schwierigkeit angesprochen? Die Vernunft sucht nach Gründen - sie will Einsicht haben in den geheimnisvollen Zusammenhang zwischen dem Sein Gottes und dem Sein des Bösen. Doch auch die überzeugendsten Gründe vermögen keinen Glauben zu begründen. Er speist sich nun einmal, wenn er schlechthinniges Abhängigkeitsgefühl ist, nicht aus derselben Quelle wie die Vernunft. Könnten wir tiefer oder inniger glauben, wenn uns die Vereinbarkeit des Gottesgedankens mit dem Bösen der Welt bewiesen würde? Wohl kaum. Das Theodizee-Problem ist ein Sinn-

Problem, eine zentrale Frage theologischen Nachdenkens. Der Glaube hingegen, der sich als *Hingenommensein* von Gott und als *Hingegebenheit* an ihn erfährt, fragt nicht zuerst nach einem Sinn dieser Erfahrung. Er will nicht Bescheid wissen, ja will überhaupt nichts wissen, sondern *ist* einfach nur. Erst wenn er aus der Unmittelbarkeit des Gotteserlebens und -erleidens heraustritt, ist er auch zu Nachfragen bereit, zum Grübeln und zum Suchen. In solchen Augenblicken ist er jedoch schon kein schlichter Glaube mehr. Im Widerfahrnis Gottes schweigt er noch. Als denkender Glaube will er angemessene Worte finden. Zuerst jedoch erkennt er sich überall an Gott gebunden, ob er nun gerade auf dessen Lichtseite steht oder sich im Schatten seiner Dunkelseite findet, mit der wir das Übel und das Leiden hinnehmen müssen. *Hingabe* und *Hinnahme* unterscheiden nicht zwischen Für und Wider, Gut und Böse, sinnvoll und sinnlos. Zuallererst nur dies eine: Gott ist. Und er ist für mich. Das ist genug! Lasst uns darüber schweigen.

Der Glaube in seiner Scham

Das, was uns im Innersten anrührt, geben wir nicht gern preis. Wenn Gott uns ereilt, dann ist das ein Augenblick solcher Intimität, dass wir ein Gespräch darüber als zudringlich empfinden würden. Der Glaube möchte lieber schweigen. schon gar, wenn er die Gottesbindung als *Hingenommensein* empfindet. Doch auch für die frohen und stärkenden Zeiten des Glaubens, für seine Lichtseite, gibt es Momente, in denen er nicht nach außen treten möchte. Er entdeckt sich in seiner Scham.

Scham ist die Abwehr, durch die wir unsere innerste Vitalsphäre zu verbergen suchen. Wer sich schämt, ist sich einer Regelverletzung in sittlicher Hinsicht oder eines gesellschaftlichen Fauxpas bewusst geworden und möchte die entstandene Blöße gern verbergen (Wolfgang Trillhaas, Ethik, Berlin 1970, S. 231ff.). Aber Scham ist noch mehr. Sie kann nämlich zugleich ein Schutz sein, durch den wir unsere Unversehrtheit vor anderen zu bewahren suchen. Sie schützt uns also selbst, das Geheimnis unserer Person und der tiefsten Gefühle und Lebensvorgänge. So möchte sich etwa die echte Liebe nicht ohne weiteres vor anderen sehen lassen; sie würde das nur als ein Sich-Spreizen als Aufforderung zum Voyeurismus verstehen. Und in ähnlicher Weise gilt dies auch für den Glauben und seine Lebensäußerungen, etwa für das Gebet. *„Wir verbergen schamhaft das persönliche Gebet. Das persönliche Beten vor den Augen anderer ist vielleicht nicht richtig gedeutet, wenn wir es Heuchelei nennen, aber es gehört seinem Wesen nach, einfach seiner Intimität wegen, in das Kämmerlein* (Mt 6, 6)“ (Trillhaas). Es ist dies kein fehlender Bekennermut, sondern Behutsamkeit im Umgang mit dem Geheimnis. Der Glaube möchte dies Geheimnis, diese Gottesverbindung wahren. Womöglich empfände er es als unwahr und unzutreffend, was er, zum Reden genötigt, über sein Erleben sagen würde. Worte können gerade hier viel zerstören, zumal sie immer auch Festlegungen sind. Und darum verbirgt sich der Glaube mitunter gern im Schweigen, in Schamhaftigkeit. Zugleich mit sich selbst schützt er damit nun aber auch Gott. Denn er sucht ihn davor zu bewahren, im bloßen Gerede unterzugehen. Das Wort *„Gott*" wird zu oft unbedacht im Munde geführt; wissen wir, ob das Gott nicht beleidigt? Auch darum lieber schweigen von Gott, darum lieber ein ehrfürchtiges Stillwerden, das das Eingeständnis beinhaltet, von Gott nicht mehr zu verstehen als das, was der menschliche Geist umfasst: Gott ist größer als unser Begreifen. Darum das Schweigen: Um Gott so in unserer Scham zu hegen.

Von der Hege Gottes

Wo kann nun aber der schweigende Glaube ausdrücklich werden? Auch er braucht doch Vergewisserung seiner selbst, auch er braucht doch einen Ort, an dem er sein *Hingeben* und *Hingenommensein*, sein Erleiden Gottes leben kann. Es ist am ehesten wohl noch die Liturgie, das liturgische Gebet, das diesen Ort bereithält.

Das geformte Wort in seiner Überlieferung bietet etwas, das die spontane Formulierung (etwa in der Predigt oder im freien Gebet oder auch im Bekenntnis) so nicht kennt, nämlich Erfahrung und Erprobung durch ein Wir, eine Gemeinschaft, die größer ist als die Summe der einzelnen Gläubigen, nämlich die *Kirche*. Das liturgisch geprägte Wort wird zu einem Gefäß, in dem sich die Erfahrungen der vielen in ihrer ganzen Verschiedenheit, ja Widersprüchlichkeit sammeln können. Sie finden hier womöglich eine größere, eine umfassende Einheit. Und diese Einheit müssen nicht sie garantieren. Nicht auf ihre Gedanken, auf ihre Originalität, auf ihr Werk kommt es an. Der Glaube kann sich vielmehr dankbar der größeren Ordnung des erfahrenen liturgischen Gebets der Kirchen anvertrauen, weil er hier Gott zu Hause wissen darf. Noch am ehesten die Liturgie ist es, in der Gott vor dem verbalen Zugriff, vor der gedankenlosen Benutzung geschützt wird. Und noch am ehesten die Liturgie ist es, in der unsere eigenen religiösen Empfindungen, unser Gottesverhältnis bewahrt werden können. Das Gebet der Kirche stärkt, es vergewissert mich meines Ortes und zeigt mir, wie wenig ich Gott los, gottlos werden kann.

Dieses Gebet stellt aber auch den Raum für das Schweigen des Glaubens. Außerhalb einer Ordnung des Sprechens und Singens, wie sie die Liturgie bietet, würde das Schweigen entweder grenzenlos oder ortlos sein und allenfalls einem Stummwerden gleichen. In der Liturgie ist das Schweigen ein Teil der Lebensäußerungen des Glaubens selbst, es ist die Vorbereitung darauf, Gottes inne zu werden. Licht- und Dunkelseiten des Glaubens haben hier gemeinsam einen Platz, immer eingebettet in einen Strom der Überlieferung, der auch noch die eigene Gegenwart überdauern wird.

Bestimmt zur Hege Gottes - auch dazu sind wir berufen, bestimmt zur Wahrung eines Geheimnisses für eine Welt, die alles ausplaudert und von Geheimnissen nicht viel wissen möchte. Womöglich sind wir es, die Gott davor bewahren müssen, missbraucht zu werden? In Jesus hat er sich so mißbrauchbar gemacht, dass er *„als Kind der hütenden Eltern und Hirten bedarf, die zur Krippe kommen ... Gottes Hege üben heißt nichts anderes, und das ist die tiefste und letzte aller religiösen Erkenntnisse, als selbst in der Hut des absoluten Gottes sein, beides in einem. Die Menschen, die sich als Hirten um die Krippe versammeln zur Hege Gottes, stehen gerade als Heger in der Hut des Absoluten"* (Ulrich Mann, Das Christentum als absolute Religion, Darmstadt, 1970, S. 217f.) Hier findet der schweigende Glaube seine Erfüllung.

Der Verborgene

Kleine Betrachtung zum Messiasgeheimnis des Evangelisten Markus

Wer ist das überhaupt, Jesus? *„Da sie aber vom Berge herabgingen, gebot ihnen Jesus, dass sie niemand sagen sollten, was sie gesehen hatten, bis des Menschen Sohn auferstünde von den Toten“* (Mk 9, 9). Was hatten sie, die Seinen, denn gesehen? Heilungen, Totenerweckungen, Exorzismen. Das ganze Repertoire dessen, was einen messianischen Anspruch damals um die Zeitenwende untermauern sollte, den Heutigen aber unglaubwürdig macht. Und wie reagiert Jesus? Bei der Heilung eines Leprösen: *„Und Jesus bedrohte ihn und trieb ihn alsbald von sich und sprach zu ihm: Siehe zu, dass du niemand davon sagest“* (1, 44). Nach der Erweckung der Tochter des Jaïrus vom Tod: *„Und er gebot ihnen hart, dass es niemand wissen sollte“* (5, 43). Nachdem er Dämonen ausgetrieben hat: *„Und er bedrohte sie hart, dass sie ihn nicht offenbar machten“* (3, 12; 1, 34). Sie sahen also, die Seinen, aber sie sollten nicht sagen, was sie da sahen. Warum? Weil sie es nicht verstehen würden. Weil sie nur sagen würden, was sie sehen wollen, das Mirakel, das Spektakuläre. Den Messias, den Ersehnten. Das wäre schon viel, aber es wäre zu wenig.

Kreuz und Auferstehung

Markus ist der Evangelist, der wie kein anderer darum weiß, dass es nicht einfach vor Augen liegen kann, wer Christus ist. Denn erst am Ende des Weges über den Karfreitag bis zum Ostertag, vom Kreuz bis zur Auferstehung, wird erkennbar, was Jesu Christus-Sein überhaupt nur heißen kann! Darauf weist sein ganzes Wirken hin, von Kreuz und Auferstehung aus erhält es nicht nur seine Deutung, sondern überhaupt erst seine Bedeutung.

Die Deutung wäre eine rückblickende Erkenntnis, die einen Weg beschreibt, wo, nach vorn geschaut, allein Einzelereignisse zu sehen sind. Die Bedeutung zu sehen hingegen heißt, dass sich ein Bauplan offenbart, der den Ereignissen zugrunde liegt, ein *telos*, ein Ziel, der Zweck des Ganzen, der erst erweist, dass es ein Ganzes ist. Darum ist der Satz von Martin Kähler immer noch richtig, die Evangelien seien letztlich Passionsgeschichten mit ausführlicher Einleitung (1892). Wir können zuspitzen: Überlieferungen von Passion *und* Auferstehung sind sie! Und das Markusevangelium ist es in besonderer Weise. Denn erst das Kreuz, erst die Auferstehung zeigen den Gottessohn! Sie zeigten es damals, sie zeigen es heute. Vom *Messiasgeheimnis* haben die Ausleger gesprochen und meinen damit, dass die Person und das Wirken Jesu nicht aus seinem Wirken und Personsein allein abzuleiten sind (so besonders William Wrede 1901). Der Begriff *Messiasgeheimnis* wurde gebildet nach der Erläuterung Jesu zu den Gleichnissen vom Reich Gottes: *„Und da er allein war, fragten ihn die um ihn waren, samt den Zwölfen, über die Gleichnisse. Und er sprach zu ihnen: Euch ist das Geheimnis des Reiches Gottes gegeben; denen aber draußen widerfährt es alles durch Gleichnisse“* (4, 10f.).

Das Menschliche – Das Göttliche

Wie erschließt es sich, dies *Messiasgeheimnis*? Wer den Wundertäter sieht, ob in Zustimmung oder in Ablehnung, den Prediger, den Weisen, den mit den Pharisäern disputierenden Rabbiner, den guten Menschen, den religiösen Fanatiker, er sieht nicht nur lediglich einen Teil der Gestalt, er sieht ihn gar nicht. Er sieht ihn zwar, aber er kann ihn nicht erkennen. Selbst Petrus geschah es so im frommen Überschwang: Nachdem Jesus den Aposteln von seinem bevorstehenden Weg gesagt hat, nimmt ihn Petrus beiseite *„und fing an, ihm zu wehren“*. Petrus will vom Leiden und Sterben des Messias nichts wissen! Die Antwort Jesu auf dieses Ineins von Messianitätsglauben und verehrender Liebe war brüsk: *„Hebe dich, Satan, von mir! Denn du meinst nicht, was göttlich, sondern was menschlich ist“* (8, 32f.). Das Menschliche ist die Abwehr, es ist das Natürlich-Kreatürliche mit seiner Abscheu vor der Gewalt, es ist das Theologische mit seinem Widerstand gegen das Bild vom leidenden Messias. Das Göttliche dagegen ist das ganz Andere, das unser Begreifen sprengt und sich unseren Vorstellungen entzieht.

Und wie soll es nun einen Zugang zum Göttlichen geben? Denn das will ja Markus; er will, dass der Leser seines Evangeliums Christus über Kreuz und Auferstehung erfährt und dass er sein Christus wird. Im unmittelbaren Anschluss an die scharfe Erwiderung auf Petrus wendet sich Jesus dem *„Volk samt seinen Jüngern“* zu. Was so eingeleitet wird, kann nur als Antwort genommen werden: Jetzt folgt, was Petrus nicht verstanden hat. Er sprach zu ihnen: *„Wer mir nachfolgen will, der verleugne sich selbst und nehme sein Kreuz auf sich und folge mir nach“* (8, 34). Die Antwort auf die Bedeutung des *Messiasgeheimnisses* ist der Ruf in die Kreuzes-Nachfolge!

Nachfolge

Dem niederländischen Augustiner-Chorherrn Thomas von Kempen (1379/80-1471) verdanken wir die tiefe Schrift von der Nachfolge Christi, *De imitatione Christi*. Er hat auch Jesu Ruf in die Kreuzes-Nachfolge ausgelegt (4. Buch, 56. Kapitel). Ihre Bedeutung öffnet sich erst, wenn der Ruf auch wirklich gehört und auf den Hörenden bezogen wird: *„Ohne Weg kein Gehen, ohne Wahrheit kein Erkennen, ohne Leben kein Leben“*. Gehen müssen wir, leben sollen wir, da sein. Zunächst ganz schlicht: *„Willst du zum Leben eingehen, so halte die Gebote.“* Wir haben uns an ethische Komplikationen, an moralphilosophische Reflexionen so sehr gewöhnt, dass wir eine solche Anweisung für naiv, für gesetzlich und bestenfalls für theologisch unzureichend halten. Aber der Kern der Gebote sagt nichts anderes, als dass es Gott gut mit uns meint. Erfahren können wir dies jedoch nur, wenn wir auch mit ihm leben. Das ist zunächst eine Frage des Entschlusses und erst dann eine der Theologie: *„Willst du die Wahrheit erkennen, so glaube mir."* Solcherart sind die liebevollen Hinweise, die Thomas Christus sprechen lässt, schlichte Hilfen. Richte dich nicht im Vorgegebenen häuslich ein, sondern erhoffe immer das Größere von Gott als von dir selbst und von den Verhältnissen: *„Willst du das ewige Leben in Besitz nehmen, so verachte das gegenwärtige."* Ein harter Ausdruck. Und wir tun gut daran, seine Härte nicht gleich zu mildern. Thomas rät, die Nachfolge darin Gestalt werden zu lassen, dass wir in allem, was uns begegnet, in allem Gegenwärtigen nach Christus fragen, gleichsam als eine beständige Übung, die uns umgebende Wirklichkeit auf Christus hin transparent werden zu lassen: Was sagt Christus mir jetzt gerade mit dem, was mir widerfährt? Lenke ich meine Gedanken auf ihn hin? Sehe ich Christus im Gegenüber? Lasse ich mein Wort durch den Filter der Barmherzigkeit gehen, bevor ich es spreche? Es ist der immer neue Entschluss, dass unser Leben *„sei nichts als eine Übung nach dem Muster deines* (Christi) *Lebens"*.

Kreuzannahme

Nun soll der Schritt vom Lesen zum Leben folgen. Darum lässt Thomas Christus sagen: *„Gelesen und verstanden hast du nun alles, was ich gelehrt habe. Wenn du nun auch tust, was du erkennst, dann bist du selig. Wer meine Gebote hat und sie hält, der hat mich lieb, und den werde ich auch lieb haben und mich ihm offenbaren."* Die Kreuzannahme ist die Brücke von der Exegese ins Leben, von der Reflexion dessen, was ich nach eigenem Dafürhalten sein könnte, in die Einwilligung in das, was ich von Gott her bin. *„Wer sein Leben erhalten will, der wird's verlieren; und wer sein Leben verliert um meinetwillen und um des Evangeliums willen, der wird's erhalten. Denn was hülfe es dem Menschen, wenn er die ganze Welt gewönne und nähme* *an seiner Seele Schaden?"* (Mk 8, 35ff.). Christus ist der Verborgene, der auf dem Grunde unseres Lebens auf uns wartet. Sein Kreuz , das er immer wieder schultern muss, ist es, von uns nicht erkannt zu werden. Unser Kreuz hingegen ist unser vergängliches Leben, unser Tod. Erst wenn wir es entschlossen aufnehmen, wenn wir Ja zu ihm sagen, kann uns Christi Auferstehung in sein Leben hinein holen.

Vom Zweifel

Dem Apostel Thomas gewidmet

Danach feierten sie, ausgelassen und fröhlich. Es wurde ein Fest, wie sie es schon lange nicht mehr erlebt, ja schon gar nicht mehr für möglich gehalten hatten. Aus einem verängstigten und eingeschüchterten Häuflein wurden allmählich wieder die, die es einmal gewesen waren, staunend noch, verwundert über sich selbst, aber doch mit wachsender Zuversicht. In den Freunden des Nazareners keimte die Bereitschaft, wieder für ihn einzutreten und ihr neues Zutrauen in den Sieg des Lebens überall weiterzusagen. *„Friede sei mit euch!"* hatte er ihnen zugerufen, Friede für ihre friedlosen Seelen, Friede in ihrer Angst nach seiner Hinrichtung, nach dem Ende ihrer Hoffnungen auf das neue Reich des Höchsten hier in Israel. Der Tod hat verloren, der Tod ist besiegt, ist tot!

Nur einer war nicht bei ihnen gewesen, als sie die überwältigende Jesusbegegnung hatten, Thomas der Zwilling. Wer weiß, wo er an diesem Tag herumgelaufen war, welche Verzweiflung, welche düsteren Wolken ihn verfolgt hatten. Vielleicht hatte er fliehen wollen, weg, nur weg aus dem Bannkreis der Niederlage seines Glaubens an die Macht des Nazareners. Und auch die anderen, die Gefährten hatte er nicht mehr sehen wollen, die Zeugen der Schmach und der Trauer. Und nicht zuletzt diese Angst vor den Römern und den anderen Juden! Aber jetzt hielt es ihn doch nicht länger in seinem Versteck, er musste zu seinen einstigen Weggefährten. Wo sie zu finden waren, das wusste er. Ob nicht womöglich die geteilte Not leichter zu tragen war?

Als er das Haus in der kleinen Gasse erreichte, stand er vor verschlossenen Türen. Die Fensteröffnungen waren von innen verhängt. Es schien niemand da zu sein. Doch auf das verabredete Klopfzeichen wurde der Eingang sofort aufgerissen. Alle waren sie da, alle, bis auf den einen, den Verräter. Und auf ihn. Sie umringten ihn, lachend, mit Freudentränen in den Augen. Sie fielen ihm um den Hals, als hätten sie auf ihn gewartet. *„Thomas, Thomas, er war da, wir haben ihn gesehen, er hat mit uns gesprochen!"* *„Wer?"* fragte er ungläubig. *„Der Meister"*, *„Jesus"*, *„der Herr"* tönte es ihm entgegen. Thomas verstand nicht. Was war da nur geschehen? Die Freude stand ihnen ins Gesicht geschrieben. Wo war ihre Furcht? Wo ihre Wut, ihre Trauer? Thomas fühlte sich auf einmal sehr einsam. Ihre Erfahrungen waren nicht die seinen - und die anderen konnten sie auch gar nicht recht mitteilen, *„Thomas, was ist, freust Du Dich denn gar nicht? Es gibt wieder Hoffnung, der Meister hat recht gehabt, es war alles wahr, was er gesagt hat!"* Nein, er konnte sich nicht freuen. Vielleicht stimmte ja alles, was sie sagten, mochte es sein. Aber er fühlte sich ausgeschlossen, ja beinahe fremd im Kreis der alten Freunde. *„Erst muss ich selbst erleben, was ihr erlebt habt"*, dachte er, *„vorher kann ich nicht einstimmen in euren Jubel"*. Verschlossen wandte er sich ab.

I

Eigentlich ein moderner Mensch, ein Skeptiker. Nur das Selbsterlebte gilt. Thomas, der Zweifler, der Ungläubige. So ist er in die Geschichte und in die Kunst eingegangen. Als ob er etwas dafür konnte, nicht dabei gewesen zu sein. Erfahrungen schließen auch aus, sie trennen zwischen denen, die sie machten und denen, die davorstehen. Erzählt werden kann vieles, doch auch wenn es wahr wäre: Das Zeugnis muss nicht überzeugen. Eine Wahrheit muss die meine sein.

Aber kann man das überhaupt, eine Wahrheit haben? Gilt denn nicht auch, dass eine Wahrheit, die schon die meine zu sein vorgibt, ins Schwanken geraten kann, sich entzieht, fremd und damit eigentlich auch bereits unwahr oder zur bloßen Richtigkeit wird? Thomas hat, nicht anders als die anderen, mit Jesus viel erlebt. Aber jetzt, wo es darauf anzukommen scheint, fehlt ihm dieses Erleben. Aus der Erinnerung allein kann keiner leben. Der Zweifel beginnt zu nagen. Könnte ich mich denn nicht schon damals getäuscht haben? Vielleicht ist doch alles ganz anders?

Dies 'Es kann auch alles ganz anders sein' ist die elementare Grundstruktur dieser Form des *Zweifels*. Das zeigt schon die Geschichte des Wortes Zweifel. In seinem ersten Teil leitet es sich nämlich vom indogermanischen Stamm '*dui*' her und gehört damit zur Sippe, in die auch das Wort *'zwei'* gehört. Der zweite Teil hingegen ist ursprünglich eine in vielen germanischen Sprachen geläufige Endsilbe zur Bildung von Multiplikationszahlen, deren Herkunft bis ins Griechische verfolgt werden kann. Die Urbedeutung von Zweifel ist also *'doppelt'* oder auch *'gespalten'*, der Zweifler ist in sich selbst getrennt, *'unschlüssig'* und *'geteilten Sinnes'* (Friedrich Kluge, Etymologisches Wörterbuch, Berlin ^{20}1967). Was einstmals eins war oder vielleicht auch eins ist, sich aber der Erfahrung des Zweifelnden verschließt, zerfällt nun. Es kann eben auch anders sein. So die Sprachgeschichte. Der Thomas-Zweifel führt auf eine wichtige Spur. Die Ungewissheit über das, was wahr ist, beruht nicht bloß auf einem unentschiedenen Schwanken (Schmidt/Schischkoff, Philosophisches Wörterbuch, Stuttgart ^{20}1978, Stichwort *Zweifel*) sondern auf einem elementaren subjektiven Irresein angesichts der Massivität eines fremden Zeugnisses. Diese Ungewissheit ist so der Blick auf die Unzugänglichkeit einer behaupteten wahren Erfahrung, deren Gründe sich dem Zweifelnden verschlossen halten. Zweifel ist hier also das Fehlen von Evidenz. Er kann im moralischen Bereich als Unsicherheit zwischen *„sittlicher Billigung oder Missbilligung eines Verhaltens“* (Müller/Halder, Philosophisches Wörterbuch, Freiburg 1988, Stichwort *Zweifel*), im religiösen Bereich als Abwesenheit oder Verlust von Mitte und Sinn oder auch in einer ganz alltäglichen Weise als bloßes Misstrauen gegen eine Behauptung erscheinen - stets ist er jedoch, vom Subjekt aus gesehen, ein Mangel, der durch fremd bleibende Erfahrungen gekennzeichnet ist. *Erfahrung* ist hier das Schlüsselwort. Es ist letztlich gleich, ob die Widerfahrnisse, auf die andere sich berufen, objektiv richtig wären oder erlogen und nur behauptete sind; es ist sogar unwichtig, ob meine eigenen Erinnerungen mir anderes berichten als ich jetzt weiß. Mir ist etwas vorenthalten, ich reiche nicht heran, bleibe allein und ausgeschlossen.

Ich finde mich also vor etwas, das mir fremd ist, erlebe das Faktum einer unzugänglichen Andersheit. Und selbst wenn sich meine anfänglichen Zweifel zu der Gewissheit verdichten, dass nicht ich irre, sondern die anderen auf einem falschen Weg sind, stehen sich stets mindestens *zwei Erfahrungen gegenüber.* Freilich ist das alles im Fluss, kann sich ändern, wiederholen oder als Irrtum erweisen. Erfahrungen sind nun einmal keine Felsen in der Brandung, sondern Treibgut. Aber wir leben aus ihnen.

Diese Dimension des Zweifels, nennen wir sie die *subjektive*, weil sie sich allein auf das innere Erleben stützt, ist demnach ein psychologisches Problem. Die Abwesenheit von Gewissheit verbietet es, es nur als solches abzutun. Denn es ist die Innenansicht unserer Welt, mit der wir es hier zu tun haben und die allein dadurch zu unserer wird, dass wir in ihr Erfahrungen machen. Bleiben sie aus, entziehen sie sich oder widersprechen sie den Erfahrungen anderer, so dass sie ausschließenden Charakter bekommen, so schwindet unsere Übereinstimmung mit der Wirklichkeit, sie gerät aus der Balance und erweist sich als fraglich. - Könnte es denn vielleicht nicht auch ganz anders sein?

II

Thomas wollte keine Theologie treiben. Es ging ihm nicht um einen sachlichen Austausch von Gründen zum Für und Wider der Auferstehung oder um ein Abwägen von Schriftzitaten und Selbstaussagen Jesu; es war ihm um sich selbst zu tun. Der Zweifler ist zunächst einmal mit sich beschäftigt.

Das Phänomen des Zweifels ist damit aber noch nicht ausreichend beschrieben. Es hat nämlich auch eine *objektive* Dimension. Wer den Dingen auf den Grund gehen möchte, der sollte nicht zu dicht vor ihnen stehen, sondern etwas zurücktreten. Der Überblick vergrößert sich. Es könnte auch anders sein als die Dinge, die Meinungen, die Überzeugungen und selbst die Gewissheiten, möglicherweise gar die eigenen, vorgeben. Und das soll untersucht werden, indem wir sie als fraglich einstufen.

Der Meister dieser bewusst eingenommenen Haltung war Descartes (1596-1650). Sein *methodischer Zweifel* hat die Wissenschaftsgeschichte des Abendlandes entscheidend geprägt. Zweifeln, so entdeckte er, kann man grundsätzlich an allem, ja muss man sogar, um aus dem Bann der Üblichkeiten und Vorurteile herauszukommen, mit denen wir uns täglich abgeben. Die Quelle dieses Zweifels muss darum noch lange keine persönliche Verunsicherung sein, sondern speist sich aus einem sachlichen Interesse an der Realität der Dinge. *„Ich weiß ja*“, sagt er über seinen kühlen Blick auf die Welt, *„dass daraus inzwischen keine Gefahr und kein Irrtum entstehen wird und dass ich mich nicht mehr als billig dem Misstrauen hingeben kann; ich habe es ja hier nicht mit praktischen Gegenständen zu tun, sondern nur mit den Gegenständen der Erkenntnis“* (René Descartes,

Mediationen über die Erste Philosophie, Stuttgart 1971). Diese Erkenntnisgegenstände haben aber nun eine eminent praktische Bedeutung. Denn wenn das Zeugnis der *Sinne*, die *Moralität* oder sogar die *mathematische Evidenz* als in theoretischer Hinsicht unsicher und als Ausdruck eines bloßen Fürwahrhaltens, eines Glaubens bezeichnet werden, so geht es dabei stets um einen Kampf gegen die Macht des Vorurteils, etwas sei doch selbstverständlich. Vielleicht hält es mich von der wahren Natur der Dinge fern? Der Zweifel wird zur Waffe.

Aber Descartes erhebt diese Waffe nicht gegen das Vorurteil allein! *„Es kommt mir auch in den Sinn, dass man nicht ein einzelnes Geschöpf im besonderen, sondern die Gesamtheit aller Dinge in Betracht ziehen muss, sooft man die Frage untersucht, ob Gottes Werke vollkommen sind."* Die Sinne mögen unzuverlässig sein, die Wirklichkeit könnte eine mir erträumte sein - aber ist nicht wenigstens Gott eine unumstößliche Wahrheit? Das ist schon möglich, antwortet Descartes, aber annehmen kann ich doch auch, *„dass nicht der allgütige Gott, der die Quelle der Wahrheit ist, sondern ein ebenso böser wie mächtiger und listiger Geist all sein Bestreben darauf richtet, mich zu täuschen."* Das muss nicht so sein - aber Descartes macht eine aufregende Entdeckung: *Kraft meines Denkens* kann ich den Gott der Wahrheit durch einen Gott der Lüge ersetzen! Der Zweifel wird an dieser Stelle universal, weil er nicht allein die Wirklichkeit als theoretisch unsicher einstuft, sondern Gott als Grund der Möglichkeit von Wirklichkeit und ihrer Erfassung. *„Es ist nun von entscheidender Bedeutung, dass das letzte Argument, durch das der Zweifel Descartes' erst seinen modernen Charakter bekommt, theologisch ist. Erst durch dieses Argument nämlich wird nicht nur alles Gewusste und Wissbare fraglich gemacht, wie das schon in der Antike geschah, sondern die innere Freiheit des Wissens selbst*" (Gerhard Krüger, *„Die Herkunft des philosophischen Selbstbewusstseins"*, in: Freiheit und

Selbstverwaltung, Freiburg/München 1958). Descartes geht diesen Weg denkend weiter und gelangt zum unmittelbaren und nicht weiter abzuleitenden Selbstbewusstsein als der letzten Gewissheit. Selbst wenn es diesen *„sehr mächtigen, sehr schlauen Betrüger, der mit Absicht mich immer täuscht"*, geben sollte: *„Ganz zweifellos bin aber eben darum auch Ich, wenn er mich täuscht; mag er mich nun täuschen, soviel er kann, so wird er doch nie bewirken können, dass ich nicht sei, solange ich denke, ich sei etwas. Nachdem ich so alles genug und übergenug erwogen habe, muss ich schließlich festhalten, dass der Satz 'Ich bin, Ich existiere', sooft ich ihn ausspreche oder im Geist auffasse, notwendig wahr sei"* (Descartes).

Die Moderne mit ihrem wissenschaftlichen Bezug auf das Subjekt, mit ihrem Anthropozentrismus kann beginnen. Der Zweifel ist wissenschaftlich etabliert. Die methodische Skepsis Descartes' und seiner Erben setzt kritisches Denken voraus, indem sie das 'Es könnte auch alles ganz anders sein' zur Vorstufe der Erkenntnis erhebt. Sie ist ein *„radikales, jedoch vorläufiges Außergeltungsetzen"* von Üblichkeiten *„zum Zweck der Erforschung der wissenschaftlichen Wahrheit"*(Müller/Halder), eine theoretische Einstellung mithin, keine Lebenshaltung. In ihrem reinen Bezug auf die Sache liegt auch ihr großer Erfolg, ihre heuristische Kraft begründet. Der Spalt, das ‚Zwie' dieser Form des Zweifels geht nicht durch die Seele des Subjekts, sondern tut sich zwischen dem Subjekt als der unhintergehbaren Letztinstanz zur Erkenntnis der Wirklichkeit und dem auf, was den Anspruch erhebt, diese Wirklichkeit zu sein. Freilich gibt es auch hier (wie beim subjektiven Zweifel) eine emphatische Grundorientierung; es kann durchaus eine Leidenschaft der Forschung und Lust an der Erkenntnis geben, die Leiden oder auch Freude an der Welt zum Ursprung haben mag. Doch als theoretisches und objektgerichtetes Vorgehen kann sie die Stimmungen des Subjekts auch ausklammern. Denn ihr geht es um das Wie und Was der Wirklichkeit, nicht aber um ihren Sinn.

III

Genau auf diese Frage nach dem Sinn kann nun wiederum der subjektive Zweifel nicht verzichten, ja er kann geradezu als Ringen um Sinn definiert werden. Wenn der Glaube, wie uns die religiöse Tradition nicht erst seit dem Neuen Testament einschärft, strukturhaft Vertrauen in Sinn und Ordnung der Welt ist (Wolfgang Trillhaas, Religionspsychologie, München 1953, S. 36ff.), so stellt der subjektive Zweifel hier sein Gegenstück dar, er ist Skepsis angesichts von Vertrauen. Und damit ist er auch Skepsis angesichts der dem Vertrauen eigenen Kindlichkeit, die sich darauf verlassen möchte, dass alles fraglos so ist wie es ist und nicht auch anders sein könnte.

Wo liegt aber nun sein Ursprung im religiösen Bereich? Ist es wirklich nur, wie das Ergehen des Apostels Thomas vermuten lässt, das Ausbleiben von Glaubenserfahrung, die den Zweifel nährt? Sofern der Zweifel nicht als bloße Gefährdung des Glaubens verstanden wird, gibt es in manchen wohlmeinenden Theologien den Versuch, Glaubenszweifel nicht bloß als *„Zeichen des religiösen Verfalls, sondern ...* (als) *Kehrseite und Begleitung echten Glaubens“* einzustufen, der *„gegen Zweifel und Skepsis durchgesetzt werden“* muss (Trillhaas, S. 204). Solange ihm der Zugang zur gläubigen Erfahrung verschlossen bleibt, bleibt er hier jedoch ein Fremder. Aber auch von sich aus kann er sich eigentlich nicht mit dem Hinweis auf seine *Notwendigkeit* beruhigen lassen. Denn klingt in dieser Haltung nicht allzu sehr die allein theoretische Einstellung des *objektiven* Zweifels durch, die der quälenden *subjektiven* Frage nach sinnhafter Gewissheit fremd bleiben muss? Sicherlich, von einer höheren Warte aus gesehen gehören Glaube und Zweifel als Gefährten untrennbar zusammen. Aber wer steht schon auf solcher Warte? Und was nützt diese Einsicht dem Zweifler selbst? Ihm fehlt doch gerade der Glaube, ohne den er angeblich nicht denkbar ist.

In diesem Sinn hat auch Luther den Zweifel funktionalisiert, indem er ihn als das Werk des Gesetzes betrachtet, das gegen die Gewissheit streitet, die der Heilige Geist durch das Evangelium schaffen will. Die Anfechtung, diese Frucht des Zweifels, ist Christenlos; die Gewissheit siegt zwar immer wieder durch die Hilfe des Geistes, doch herrscht sie erst im künftigen Leben vollkommen. Glaube ist für Luther ein heldenhaftes Wagnis, das in der Not der Anfechtung geübt werden muss. *„Da soll der alte Mensch sterben und der Glaube zur vollen Erfahrung der Macht des Wortes Gottes und damit zu seiner vollen Kraft kommen"* (Paul Althaus, Die Theologie Martin Luthers, Gütersloh 1980, S. 61). Anfechtung und Zweifel sind zwar in ihrer Faktizität anerkannt, doch indem sie als notwendig eingestuft werden, verlieren sie ihren Eigenwert. Zweifel, der nach dem Glauben schielt und sich so lediglich als seine depravierte Abart betrachtet, ist noch nicht er selbst; ihm fehlt die Erfahrung der eigenen Abgründigkeit, die keinen Ausweg kennt und die geheime Hoffnung auf den Glauben als eine Preisgabe ihrer Ehrlichkeit, ja ihrer selbst verstehen muss.

Damit scheint aber etwas auf, das vor der Theologie liegt, vor aller Objektivität und Rationalität, aber auch vor der Anfechtung des eigenen Glaubens oder dem Ausbleiben bezeugter Glaubenserfahrung anderer bei sich selbst. Wir haben es hier mit einem Dritten zu tun, mit einer eigenständigen Erfahrung, die auch nicht mehr das Gegenstück des Glaubens ist. Dieses Erleben kann nämlich, wenn es denn seine eigene Tiefe ernstnimmt, nur noch als Ursprungserfahrung verstanden werden. Der Zweifel hat jetzt die Form einer Erkenntnis sui generis. Wir dürfen im Zweifler nicht länger den Apostel des Unglaubens erkennen wollen; er ist eine autochthone religiöse Gestalt.

Gegenüber dem Thomas-Zweifel hat sich damit das Gewicht in einer wichtigen Hinsicht verschoben. War es zunächst erst nur der Zweifel *an etwas*, an der Auferstehung, am Dasein Gottes, an seiner Liebe, so erkennen wir nun in ihm ein auf das Ganze gerichtetes Weltverhältnis. Er ringt nicht bloß, wie es der *subjektive* Zweifel tut, um die vom Glauben behaupteten Gegenstände, sondern um weit mehr: Es könnte auch alles ganz anders sein - die Welt ist womöglich in Unordnung und ohne Sinn! Denn so nimmt sie der Zweifler doch wahr: als leer von Sinn. Vielleicht lauert sie bereits für den *subjektiven* Zweifel hinter den einzelnen zweifelhaften Gegenständen - die Leere. Die auf das Ganze gerichtete Entdeckung der Fragwürdigkeit von Sinn geht aber nun über die Behauptung der Unerfahrbarkeit gewisser Dinge hinaus. Diese dritte Dimension können wir darum den *radikalen* Zweifel nennen. Er ist nämlich nicht nur ein Aufbegehren gegen die vorschnelle Behauptung von Sinn und beharrt - nicht aus Lust am Leugnen, sondern aus Vorsicht - auf der Möglichkeit von Unordnung. Denn wenn es auch alles ganz anders sein könnte, dann ist es besser, behutsam mit der Welt umzugehen. Er ist vielmehr auch die Entdeckung einer Fraglichkeit, die sich nicht länger nur allein auf die Erfahrung mit einem Gegenstand oder auch auf deren Ausbleiben zurückführen lässt, sondern von sich aus auf das Ganze, nämlich auf das Sein überhaupt geht. Der Glaube hat immer etwas Totalitäres, wenn nicht gar Fundamentalistisches: Er schließt aus, weil er sich auf Erfahrungen beruft, die allenfalls bekannt, aber nicht ohne weiteres vermittelt werden können (übrigens kennt auch der objektive Zweifel diese totalitäre Gefährdung, die in seinem Insistieren auf Überprüfbarkeit begründet liegt). Hingegen hält sich der radikale Welt-Zweifel offen, vorausgesetzt freilich, er blockiert sich nicht durch eine Verweigerung jeglicher Sinnsuche. Er muss durchaus stets bereit sein, auch seine Widerlegung einzuräumen, nämlich dann, wenn er durch Erfahrung überzeugt wird. Er kann es sich deshalb leisten, offener, ja toleranter zu sein als der Glaube; er leistet sich das

Warten, nötigenfalls auch das leidvolle - und zwar nicht um seinet-, sondern um der Wahrheit willen, die er gewinnen möchte. Und wenn es sein muss, richtet er sich darum auch gegen sich selbst; er muss seine eigene Irrtumsfähigkeit eingestehen können, wenn er tatsächlich ernstzunehmender Zweifel sein will.

Dies ist kein kühles und überlegtes Abwägen, im Gegenteil. Tillich hat den Zweifel einen *„Kampf“* genannt (Paul Tillich, *„Rechtfertigung und Zweifel“*, in: Schriften zur Theologie II, Stuttgart 1970, S. 85-100. Allerdings bezieht er ihn sogleich auf das *„Teilhaben an dem unbedingten Lebenssinn“* und nimmt ihm damit etwas von seiner wilden Ursprünglichkeit). Insofern aber können, ja müssen wir hier nun doch von seiner Notwendigkeit reden! Denn als ein Kampf um die Unbedingtheit von eigener Erfahrung ist er Bewegung aus eigenem innerem Antrieb und gewinnt damit etwas Unausweichliches. Diese Notwendigkeit besteht aber nun nicht etwa darin, dass er negativ auf etwas bezogen wäre; der *radikale* Zweifel ist vielmehr selbst eine Größe, nämlich der Anspruch, die Gegenwart von Sinn und Ordnung zu erkennen. Damit stehen beide, Glaube wie Zweifel, vor demselben Rätsel, das uns die Welt stellt. Sie tun dies auf unterschiedlichen Seiten, doch ringen sie beide um Antworten und suchen sie auch beide auf ihre Weise zu geben. Und damit treffen sie sich in einer merkwürdigen Eintracht im Angesicht der von ihnen als *einer* anerkannten Wirklichkeit, um deren Sinn oder Sinnlosigkeit es ihnen zu tun ist. Zwei Schlüssel, zwei Erfahrungsstränge, zwei Stringenzen - aber eine Welt als ihrer beider Horizont!

Hier wird deutlich, warum allenfalls der *subjektive*, nicht aber der *radikale* Zweifel vom Glauben abgeleitet werden kann. Der *subjektive* Zweifel kann letztlich nur verzweifelt oder auch abschätzig auf den Glauben sehen, der ihm fern und fremd bleibt. Er bleibt damit innerhalb des von diesem behaupteten

Horizontes. Der *radikale* Zweifel hingegen vermag durch den eigenen Willen zur unbedingten Wahrheit einen außerhalb seiner selbst liegenden Grund zu erkennen. Ihm kann das Merkwürdige und Unerwartete und letztlich Paradoxe widerfahren, dass er auf seinen Sinn stößt, den er schon immer, nämlich durch den bloßen Vollzug seines Zweifelns, vorausgesetzt hat - und zwar nicht *obwohl*, sondern *indem* er die Erfahrung von Sinnlosigkeit und Unordnung macht.

Diese Entdeckung ist nicht nur etwas anderes als der *subjektive* Zweifel. Sie hat auch nichts gemein mit Descartes' Idee von der unbezweifelbaren Ichheit als Letztinstanz, weil sie sich nämlich vom Sein aus ergibt und nicht vom Subjekt. Das Subjekt kann sich doch nur dann zweifelnd auf die Wirklichkeit beziehen, wenn es ihr Sein und Bedeutsamkeit zubilligt! Hier hat die Religiosität des Zweifels ihren eigentlichen Ursprung. Tillich geht so weit, von einer *„göttlichen Grundoffenbarung*“ zu reden, *„die vor allem Zweifeln und Suchen steht ...* (und) *die Befreiung* (bringt), *dass sie jedes Tun der Erkenntnis in zweite Linie rückt und die Gegenwärtigkeit Gottes vor der Gotteserkenntnis und des Sinnes vor der Sinneserkenntnis offenbart. Was hier offenbar wird, ist der Gott der Gottlosen, die Wahrheit der Wahrheitslosen, die Sinnfülle der Sinnentleerten*“ (Tillich, S. 91f.) Was auch geschieht - das Sein ist. Es ist mehr als der Zweifel und auch mehr als der Glaube, weil es beide überhaupt erst möglich macht.

IV

Der Zweifel führt uns in jeder seiner Formen immer vor uns selbst. Darin liegt seine Einsamkeit: Er muss sein Fragen allein durchhalten, weil er das eigene Erleben zum Maßstab der Sinnerfahrung erhoben hat - nicht anders übrigens als dies der Glaube auf seine Weise tut. Wir erkennen uns als die, die wir sind, durch die Erfahrung des vor allem Denken liegenden Seinsgrundes der

Wirklichkeit; wir sehen uns, ob zweifelnd, ob glaubend, auf ihn bezogen und werden so unserer Abhängigkeit, von ihm inne. Besser sollte man allerdings wohl sagen: Wir können so vor uns selbst und vor die Erfahrung von Sinn geführt werden - zwangsläufig ist dies jedoch nicht. Der Zweifel birgt die Möglichkeit dazu zwar in sich, kann aber auch offener radikaler Zweifel bleiben. Im Unterschied zum Glauben, der notwendig nicht unbestimmt sein darf, weil er immer ein Glaube an etwas ist, ist der radikale Zweifel notwendig indifferent im Blick auf Inhalte. Denn letztlich geht es ihm um die Bedingungen der Möglichkeit von Inhalten überhaupt; er möchte in sich erfahren, ob es solche für ihn gibt und hält sich so lange offen und bereit, als er sie noch nicht entdeckt hat. Hier stehen wir tatsächlich am Ursprung der Religion. Der Glaube, mitunter sehr von sich überzeugt, hat bereits seine Gegenstände; der Zweifel hingegen, seiner selbst gar nicht sicher, fragt, auch wenn er sich an diesen Gegenständen entzünden sollte, letztlich immer nach ihrem Urgrund. Tatsächlich: Er will den Dingen im Wortsinn auf den Grund gehen. Er tut dies allerdings indirekt, ohne die dem Glauben mitunter eigene gegenstandsbezogene und zupackende Zudringlichkeit, möglicherweise auch verzweifelt - und fast immer sehr einsam. Aber er tut es aus Liebe zur Wahrheit.

Gerade darin hat er seine religiöse Aufgabe. Und gerade darin braucht ihn auch der Glaube! Denn kann er so der Welt nicht eher den Geheimnis-Charakter wahren, als es dem Glauben manchmal möglich ist? Kann er ihn vielleicht viel behutsamer und auch nachdrücklicher hegen und schonen - allein durch sein Offenlassen, durch sein Aussparen und Warten? Freilich, aufgehoben werden kann er wiederum nur durch eine eigene Erfahrung - im religiösen Sinn: Durch eine Offenbarung. Und die hat er so wenig zur Verfügung wie der Glaube. Aber ist er nicht bereit für sie?

V

Hier beginnen neue Fragen. Der Zweifel-Weg des Thomas hat uns weit gebracht. Vom bloßen Unglauben ist schon lange nicht mehr die Rede. Es geht um Tieferes: Spricht die Welt zu uns oder bleibt sie uns stumm? Wenn es denn die eine Wirklichkeit sein sollte, zu der beide, Glaube und Zweifel, ihren Schlüssel durch überzeugende Erfahrungen suchen und, wer weiß es, womöglich auch finden, könnte es dann nicht denkbar sein, dass in ihrem Verhältnis gar Gott gegen Gott selbst steht? Vielleicht ist Gott als Ursprung der Wirklichkeit nicht nur der Herr des Glaubens, sondern auch der Urheber des Zweifels? Womöglich ist die Wirklichkeit größer, als der Glaube sie sich zu erschließen meint? Können wir denn ihres Grundes jemals sicher sein? Ist der Glaube denn nicht in der Gefahr, sich durch seine Erfahrungen seiner selbst zu gewiss zu werden? Müsste ihn nicht vielmehr die Möglichkeit des Zweifelns lehren, behutsamer mit ihnen umzugehen und ihre Kostbarkeit zärtlich zu hüten?

Zweifel und Glaube - zwei legitime Geschwister. Wie so oft bei Geschwistern herrscht zwischen ihnen manchmal Streit. Aber letztlich sind sie aufeinander angewiesen. Und sie brauchen sich dessen nicht zu schämen.

Partisan des Anderen

Wohlorganisiert, so tritt das mitteleuropäische Christentum in unserer Gegenwart auf. Immer noch und immer mehr. In den Großkirchen hat es seine Lebensäußerungen bis ins kleinste Detail durchformt, geregelt und eingerichtet. Die Verträge mit dem Staat, mit den Kommunen, mit Verbänden – sie sind juristisch einwandfrei, geprüft und für haltbar befunden worden. Die Kirchentage locken immer wieder Hunderttausende an, die universitäre Theologie hat ein staunenswertes Dialogniveau im Zusammenspiel der Wissenschaften entwickelt. Und allen Anzeichen zum Trotz: Die Kirchen sind eine Macht! Noch immer gehören sie zu den größten Arbeitgebern, noch immer rufen sie regelmäßig eine nur in Millionen anzugebende Zahl von Menschen in ihren Gottesdiensten und ihren Veranstaltungen zusammen. Ohne die Caritas und die Diakonie ist hierzulande keine Veränderung im Gefüge des Sozialstaates denkbar. Ganz selbstverständlich sind die Kirchen in Gremien und Räten vertreten, in denen es um gesellschaftlich relevante Fragen geht. Ein schöner, ein sprechender Ausdruck: Gesellschaftliche Relevanz. Ist das nicht ein beruhigendes Zeichen für die Vertreter des Christentums? Sie sind von gesellschaftlicher Bedeutung, von Wichtigkeit für ein funktionierendes Zusammenleben. Man muss auf sie hören, weil sie immer noch über ein beachtliches Ansehen verfügen.

Und die Pfarrerschaft, die Theologen? Nun, sie sind wohlbestallte Beamte dieses Ansehens, mit Pensionsanspruch und Beihilfeberechtigung. Ihre wirtschaftliche Absicherung entspricht dem gesellschaftlichen Rang der Institutionen, die sie vertreten. Funktionäre dieser gesellschaftlichen Relevanz sind sie, Interessenvertreter, Lobbyisten einer guten Sache, doch, durchaus, wer wollte das leugnen?

„Stellt euch nicht dieser Welt gleich!" Was war das? Woher kommt dieser Ruf? Von Paulus stammt er (Röm 12, 2). Ein gefährlicher Satz. Ein Aufruf zur großen Verweigerung, ein Appell an die Freiheit. An die Freiheit? Ja, an die Freiheit des Andersseins, an die Freiheit, aus anderen Bindungen zu leben als aus denen der Bequemlichkeit und Absicherung. Paul Schütz (1891-1985), ein ganz und gar unorthodoxer Lutheraner und prophetischer Geist, hat den Christen einmal den *„Partisan des Anderen"* genannt. Wo Menschen von Christus berührt werden, bricht das Andere in unsere Welt ein, das jenseitige, das ganz und gar Unweltliche, Überweltliche, Unzeitliche und Unzeitgemäße. Der Christ sieht den Pakt mit der bürgerlichen Versorgungswelt äußerst kritisch, er nutzt ihn, wenn nötig, aber er ist jederzeit auch bereit, ihn zu kündigen. Denn nicht aus Absicherungen beziehen wir unseren Lebenssinn, sondern aus einem schlechthin Gültigen, das uns überfällt. Ja, der Sinn überfällt uns, wir können ihn niemals herstellen, er ist vielmehr mit einem Mal da und wir merken es, dass jetzt der Machtbereich des Ewigen beginnt und der Bereich des Bürgers endet. Der Bürger kann in seiner Welt nur das Letzte sehen; sie ist ihm das Absolute, ihr gilt sein ganzer Einsatz, seine Energie. Er hat schließlich nur diese eine. Bürgertum ist insofern auch Religion, die Vergottung des Endlichen. Der Christ hingegen weiß um die Grenzen dieser Welt, er weiß, dass er nicht allein vor seinesgleichen und damit vor sich steht; er weiß, dass seine Entscheidungen, seine Handlungen vor letzter Instanz verantwortet werden müssen. Hingeordnet auf das Letzte, so lebt der Christ. Und in seiner Existenz ist diese Hinordnung anwesend in der Welt, einer Welt, die berauscht ist von ihrer Diesseitigkeit und einfach nur dankbar ist dafür, Gott los zu sein. Hier wird der Christ zum Mahnzeichen, zum Boten der anderen Seite, zur Verleiblichung des Jenseitigen. Zwar lebt der Christ in dieser Welt, aber er gehört ihr nicht. Gehören tut er einem anderen, dem Ganz-Anderen. Ihm hat er sich ausgeliefert.

Die Kirchen sind Teil dieser Welt, notgedrungen. Und so sind sie immer auch in der Gefahr, sich in ihr zu verlieren. Gar zu verlockend sind sie ja auch, die Angebote der schönen neuen Menschenwelt und ihre Vergötzungen des Diesseits. Aber sagen wir es jetzt endlich einmal in aller Deutlichkeit: Ihr bürgerliches Leben leben die Kirchen und ihre Vertreter nur, weil ein anderer für sie ans Kreuz gegangen ist! So müssen sich die Kirchen gefallen lassen, dass sie befragt werden, scharf, inquisitorisch: Ist in Eurem Leben, ist in Eurer Verkündigung, ist in Eurem Gebet noch erkennbar, dass Ihr vom Kreuz herkommt? Und ist noch erkennbar, dass Ihr von der großen Überwindung aller Menschenwelt herkommt, von Ostern? Denn das ist sie doch, die Überwindung, dieses Ganz-Andere, dem sich der Christ ausgeliefert hat, das Kreuz und die Auferstehung, die Gewalt der Jenseitigkeit, mit der Gott in unsere Welt einbricht!

Und wenn die Kirchen bequem werden? Wenn sie ihre Stiftung aus der Einheit von Karfreitag und Ostermorgen vergessen? Nun, dann sind die geistlichen Gemeinschaften gefordert, dann schlägt die Stunde der Klöster, der Geschwisterschaften. Als Orte für die Partisanen des Anderen. Nicht als ihre Refugien, sondern als deren Sammelplätze. In der Welt, nicht von der Welt. Aber: Für sie!

Desiderium semper orat

Sehnsucht. Ein Wort, eine Unbestimmtheit. Sich sehnen: Wonach? Nach einem anderen Menschen, einem Gegenüber? Wer sich sehnt, weiß sich unvollständig. Mehr noch: Ist er vielleicht sogar nicht das, was er sein könnte? Aber was auch das Wort bedeutet, es will sich nicht recht halten, nicht recht halten lassen, weder mit Händen noch mit Begriffen. Es streift uns immer nur, ein Von-ungefähr, ein Etwas-geht-vorüber, ein Hauch, eine Andeutung. Wer sehnt, spürt in diesen Augenblicken nichts Festes. Ein innerer Fluss strömt, der keine Ufer zu haben scheint. Sehnsucht ist mehr als der bloße Wunsch nach Bestimmtem: Sehnsucht ist Sich-erinnernde-Vorahnung, die voraus schaut, zugleich aber von Etwas herkommt und dieses im Überall sucht. Das macht ihre schweifende Ziellosigkeit aus, die dennoch ausgerichtet ist - und sich damit dann ins Ungefähr erstrecken will. In Eduard Mörikes Gedicht *Im Frühling* von 1828 lautet dies so:

„Die Wolke seh ich wandeln und den Fluss.
Es dringt der Sonne goldner Kuss
Mir tief bis ins Geblüt hinein;
Die Augen, wunderbar berauschet,
Tun, als schliefen sie ein,
Nur noch das Ohr dem Ton der Biene lauschet.
Ich denke dies und denke das,
Ich sehne mich, und weiß nicht recht, nach was:
Halb ist es Lust, halb ist es Klage;
Mein Herz, o sage,
Was webst du für Erinnerung
In golden grüner Zweige Dämmerung?
- Alte unnennbare Tage!“

„Ich sehne mich, und weiß nicht recht, nach was:/ Halb ist es Lust, halb ist es Klage." Mörike nähert sich diesem Schwebenden der Sehnsucht in ihrem wissenden Halbwissen mit ihrer sich selbst vernehmenden Traurigkeit. Ein Zwischen - weder ganz verloren noch ganz gefunden, eine Offenheit. 1919 hat Franz Kafka sie in seiner Erzählung *„Eine kaiserliche Botschaft"* einzufangen gesucht: Der Regent, so erfahren wir, hat auf seinem Sterbebett eine Botschaft ausgesandt, die allein dem Angesprochenen, allein dem einen *„Du"* gilt. Ein Bote hat sich sogleich auf den Weg gemacht, um sie, deren Inhalt wir anderen nicht kennen, zu überbringen. Unter großen Mühen nur gelangt er vorwärts, trotz aller Anstrengung kommt er nicht einmal über die Grenzen des Palastes hinaus. Und *„stürzte er endlich aus dem äußersten Tor - aber niemals, niemals kann das geschehen - liegt erst die Residenzstadt vor ihm, die Mitte der Welt, hochgeschüttet voll ihres Bodensatzes. Niemand dringt hier durch und gar mit der Botschaft eines Toten. - Du aber sitzt an Deinem Fenster und erträumst sie Dir, wenn der Abend kommt."* Ja, so ist es: Wir spüren es, hier ist es zu uns unterwegs, nur zu uns, - die Erfüllung womöglich? Die Erlösung gar? Wir ahnen: Hier ist eine Frage an uns gerichtet, deren Antwort nicht in einem einfachen und schlüssigen Satz liegt. Die Antwort liegt in uns selbst. Aber was bedeutet denn das nur schon wieder?

So bleibt also als Kern des Sich-Sehnens allein jene Offenheit, in der vieles möglich erscheint, aber nichts wirklich werden will? Ist die Sehnsucht etwa gar die dauerhafte Frage, deren Antwort immer ausbleiben wird, weil wir sie mit unserem Dasein, fragmentarisch wie es ist, nicht geben können? Das sollte, das muss doch die Disziplinen herausfordern, die sich der Suche und dem Finden als Ausdruck der Existenz verschrieben haben, der Philosophie und der Theologie mithin. Was sagen sie uns zur Sehnsucht, ganz offensichtlich ja einem Urthema?

Wortkunde

Um es gleich zu beantworten: Das Stichwort *Sehnsucht* taucht in den Nachschlagewerken zur Philosophie und Theologie nicht auf, zumindest nicht in den der Gegenwart verpflichteten. Dies mag gerade an der poetischen Offenheit, an der schillernden Vieldeutigkeit des Wortes hängen, die den auf erfassende Exaktheit drängenden enzyklopädischen Bemühungen der anthropologischen Disziplinen in Theologie und Philosophie nicht entgegenkommen wollen. Ist Sehnsucht nicht lediglich ein Gefühl? Dann mag sich allenfalls die Psychologie mit ihr als einem Phänomen befassen, mehr lassen sich doch wohl von Wort und Sache nicht erwarten?

Eine solche Haltung verkennt, dass auch Gefühle, nehmen wir einmal die eilige Vorabeinschätzung für bare Münze, durchaus etwas über den Menschen, genauer: über sein Wesen mitteilen können. Aber bevor wir über Wesenserkenntnis reden, soll eine schlichte Wortkunde folgen. Die sprachgeschichtlichen Wörterbücher zum Deutschen verraten, dass Sehnsucht eine nur im Spätmittelhochdeutschen auftauchende Prägung ist (damals ohne das dehnende *h*: *sensucht*). Älter noch ist das Hauptwort *sene*, das bereits im Mittelalter als liebendes oder schmerzliches Verlangen aufgefasst wurde. Hinter dieser Bildung verbirgt sich wiederum das Verb *sene* aus der althochdeutschen Sprachstufe, das am besten mit *„bin schlaff, kraftlos, unlustig“* wiedergegeben wird (so das Etymologische Wörterbuch von Friedrich Kluge, Berlin ^{20}1967). Die Sprache verlangt zwar stets eine Angabe darüber, wonach sich der Sehnende verzehrt *(„sene nach“* und *„sene gegen“* verzeichnet das Mittelhochdeutsche Taschenwörterbuch von Matthias Lexer, Stuttgart ^{35}1979). Doch die althochdeutsche Vorstufe zeigt deutlich, dass der Kern der Sehnsucht vornehmlich in der inneren Schwächung des Menschen liegt und weniger in der Ermangelung des Ersehnten. Nicht das fehlende Gegenüber macht offensichtlich zuerst die Sehnsucht, sondern eine eigentümliche Selbsterfahrung des Sehnenden, der sich von diesem Gegenüber (sei es ein ersehnter Mensch, eine ersehnte Sache oder auch eine ersehnte Erfahrung) eine Ergänzung seiner eigenen, als fragmentarisch erfahrenen Existenz verspricht. Sehnsucht wird zum Indikator von Unvollständigkeit. Wer sehnt, sich sehnt, ist nicht ganz.

Sehnsucht als Stimmung

Sehnsucht als Zustand der inneren Spannungslosigkeit, ohne Ziel und dennoch nicht ohne Bestimmtheit - so tritt sie uns vor allem auch in der Dichtung immer wieder entgegen. Ihr grammatischer Modus ist der Konjunktiv, die Möglichkeitsform, der das Wünschen entspricht. *„Ach, aus dieses Tales Gründen,/ Die der kalte Nebel drückt,/ Könnt ich doch den Ausgang finden,/ Ach, wie fühlt ich mich beglückt!/ Dort erblick ich schöne Hügel,/ Ewig jung und ewig grün!/ Hätt ich Schwingen, hätt ich Flügel,/ Nach den Hügeln zög ich hin"* (Schiller, *„Sehnsucht"*). Die Hügel, Ort des Sehnens, sind nicht nur unerreichbar, sie würden auch, einmal erreicht, dies Sehnen gar nicht stillen. An ihrem Anblick zwar entzündet sich die Sehnsucht - in ihrem Anblick will sie aber auch verweilen, um sich selbst spüren zu können. Der Sehnende erfährt sich freilich als unvollständig, aber gerade so erfährt er auch: Sich selbst! In Eichendorffs ebenfalls *„Sehnsucht"* betiteltem Gedicht klingt in einer ähnlichen Weise solche Ziellosigkeit an: *„Es schienen so golden die Sterne./ Am Fenster ich einsam stand/ Und hörte aus weiter Ferne/ Ein Posthorn im stillen Land./ Das Herz mir im Leibe entbrennte;/ Da hab ich mir heimlich gedacht/ Ach, wer da mitreisen könnte/ In der prächtigen Sommernacht!" Fernweh* hat man diese Form der Sehnsucht auch genannt. Aber was ist damit gesagt? Denn nicht um die ferne Ferne geht es doch, sondern um das Nächste, was sich aber als so unvertraut entpuppt, dass es zur Ferne zu werden scheint: Der Kontinent des eigenen Selbst. Das Sehnen der Sehnsucht will zuerst nicht das ergänzende Gegenüber, sondern sich selbst als Sehnendes. Es spürt sich in seinem Sehnen erst als es selbst. So wird es in seinem Mangel also zunächst nicht von diesem seinem Mangel, sondern vom Spüren des Mangels bestimmt, also von sich selbst, von seiner eigenen Unvollständigkeit! Das Ermangelte ist nicht das Ziel, sondern der Auslöser für die profunde Selbsterfahrung der *Sehnsucht*.

Damit wird aber sogleich auch gesagt: Nicht die bestimmte, sondern die *Sehnsucht* als solche sagt uns etwas über den Menschen. Nicht die unerreichbaren, die unerreichten, die ersehnten Ziele sind wichtige Hinweise auf das, was wir sind, sondern dieses: Dass der Mensch sehnt, dass er überhaupt ein sehnendes Wesen ist! Der Mensch - das Wesen, das sehnt. Nun redet unsere Alltagssprache meist davon, die *Sehnsucht* habe einen Gegenstand, nach dem sie sich verzehre. *Sehnsucht* und *Erfüllung* müssten demnach in einem proportionalen Verhältnis zueinander stehen: Ich ersehne mir etwas, das mir, in meinen Lebenshorizont eingetreten, die *Sehnsucht* stillen wird: Die ferne Geliebte, der angestrebte Beruf, Träume eben, erreichbare, unerreichbare. Begleitet stets von dem geheimen Wissen: Treten sie ein in die Wirklichkeit, so stillen sie mein Sehnen. Sie machen mich still und zufrieden. - Wenn das so wäre, dann würde auf die *Sehnsucht* das zutreffen, was der Philosoph und Pädagoge Otto Friedrich Bollnow (1903-1991) über die Gefühle gesagt hat: *„Gefühle im eigentlichen Sinn sind stets auf einen bestimmten Gegenstand, ‚intentional' bezogen* (...). *Jede Freude ist Freude über etwas (und zwar über etwas Bestimmtes), jede Hoffnung ist Hoffnung auf etwas, jede Liebe Liebe zu etwas. jede Abneigung Abneigung gegen etwas usw.“* (Das Wesen der Stimmungen, Frankfurt/Main [8]1995, S. 34). Gefühle sind stets gerichtet, ausgerichtet. Vieles, was landläufig als *Sehnsucht* betitelt wird, sind also Gefühle! Wir tun gut daran, dies nicht als bloße Wortklauberei abzutun, denn die begriffliche Genauigkeit kann uns helfen, die Sehnsucht als einen wichtigen Schlüssel zum Wesen des

Menschen zu entdecken.

Gefühle sind, halten wir dies also fest, stets intentional. Sie sind darum auch immer recht genau benennbar. Das trifft aber auf die Sehnsucht gerade nicht zu, wie wir gesehen haben. Sie ist weniger vom Ersehnten als vom Sehnenden her bestimmt und gehört deshalb nicht in den Bereich der Psychologie, sondern der Anthropologie. Während das Gefühl spezifisch und gerichtet ist, ist die Sehnsucht wesenhaft unspezifisch. Sie kann sehr wohl durch ein konkretes Ereignis ausgelöst werden, geht aber nicht in diesem auf!

Dies entspricht viel eher dem, was Bollnow über die Stimmungen gesagt hat: *„Die Stimmungen haben (...) keinen bestimmten Gegenstand. Sie sind Zuständlichkeiten, Färbungen des gesamten menschlichen Daseins, in denen das Ich seiner selbst in einer bestimmten Weise unmittelbar inne wird, die aber nicht auf etwas außer ihnen Liegendes hinausverweisen*" (S. 34f.). Ist die Sehnsucht also nach diesem eine Stimmung? Gefühle können erzeugt werden. Wir können einen Menschen glücklich, froh, traurig werden lassen, wir können dies mit uns selbst ‚machen'. Mit der Stimmung gelingt dies nicht, sie *„überfällt*", wie das Martin Heidegger (1889 - 1976), der philosophische Gewährsmann Bollnows, gesagt hat: *„Sie kommt weder von ‚Außen' noch von .Innen', sondern steigt als Weise des In-der- Welt-Seins aus diesem auf*" (Sein und Zeit, Tübingen [15]1979, S. 136). Wir sind immer schon irgendwie gestimmt - und betrachten diesem Gestimmtsein entsprechend die Welt, die erst so überhaupt zu unserer Welt wird! *„Die Stimmung hat je schon das In-der- Welt-sein als Ganzes erschlossen und macht ein Sichrichten auf* (...) *allererst möglich"* (S. 137). Die Stimmung öffnet uns die Welt. Wer die Stimmung versteht, in der sich ein Mensch befindet, kann auch dessen Welt verstehen.

Was ist also eine Stimmung? Wir können sie als die Weise auffassen, in der sich ein Mensch in seiner Welt vorfindet, ja, mit dieser eins ist! Jede Stimmung färbt die Welt ihr entsprechend ein - und durchwaltet das Gemüt meist einheitlich. Ja, die Einheit des Gemütes verdankt sich besonders sogar der in einem Menschen vorherrschenden Stimmung! Alles ist, eine entsprechend starke Stimmung vorausgesetzt, auf den einen Grundton ausgerichtet, in dem Mensch und Welt gemeinsam schwingen.

Übereinstimmungen

Ist die Stimmung damit etwas durch und durch Subjektives? Sie wäre es, wenn wir sie auf eine Art *„persönlicher Weltanschauung“* reduzieren wollten. Doch nicht die Anschauung der Welt, ihre Betrachtung ist die Stimmung, sondern sie zeigt die unlösbare Verbindung von Mensch und Welt! In einer *„ungeschiedenen Einheit von Selbst und Welt“* (Bollnow, S. 39) entdeckt sich der so und so Gestimmte als die Weltmitte, auf die er alles bezogen weiß - und aus der er alles versteht! Die Welt ist hier *„noch nicht gegenständlich geworden, wie nachher in den späteren Formen des Bewusstseins, vor allem im Erkennen“* (a.a.O.). Wir stimmen mit unserer Welt überein - und sie mit uns. *„An jedem Morgen fasste ihn das Bangen an, als ob die Riemen des Tornisters ihm die Brust zuschnürten. Er musste heftiger atmen und bekam doch keine Luft. ‚Japsen' nannte man das in Oldhorst. Und wenn er auf den Platz trat, packte ihn die Angst. Immer wieder musste er sich zwingen, das Haus zu verlassen, nachdem er die Mütze aufgesetzt hatte und die Treppe hinuntergestiegen war. Oft hatte er die Stufen gezählt. Nun drohte der Gang durch die Gärten mit seinen Schrecken, die unvermutet auftraten. Da war kein Ende abzusehen. Es war der Weg durch einen bösen Vorhof, der zum Gericht führte, mit Schreckensbildern am Rand. Sie kamen plötzlich; wenn sie nur streiften, konnte er von Glück sagen. Manchmal wurde alles gefährlich: das Rauschen der Blätter, der Ruf eines Vogels, entfernte Signale* *der Bahnen und Fabriken - und wenn nicht gefährlich, so doch Gefahr drohend"* (Ernst Jünger, Die Zwille, Stuttgart 1973). Die Stimmung ist, um dies noch einmal zu unterstreichen, keine Frage der freien Wahl, sondern gehört wesenhaft zum Menschen hinzu. Wir leben immer als Gestimmte, die Stimmung ist unsere „natürliche Grundlage" (Bollnow, S. 160), Neutralität gibt es hier nicht. Und eine objektive, feststehende, eine für sich seiende Welt gibt es erst recht nicht - zumindest nicht für uns. Die Welt *ist* das, was wir in ihr sehen. Denn die Fröhlichkeit, die Bedrückung, die Ausgelassenheit, die Gereiztheit, das Behagen, die Resignation ... bestimmen uns (und damit unsere Welt) immer in umfassender Weise. *„Jede einzelne Stimmung liefert so ihren eigenen und unersetzbaren Anteil zur Erkenntnis der vollen Wirklichkeit"* (ebd., S. 130), denn in ihr zeigt sich unsere ursprüngliche Übereinstimmung, mit unserer Lebenswelt. Stimmung erweist sich so als Korrespondenzbegriff.

Was bedeutet dies aber nun für den eigentlichen Gegenstand unserer Betrachtung, für die *Sehnsucht*? Stimmungen, so sagten wir, entstehen aus der vorgängigen und unvordenklichen Einheit von Selbst und Welt. Wie ich bin (gestimmt bin), so ist meine Welt, wie meine Welt (gestimmt) ist, so bin ich. Dies gilt aber auch und gerade für die *Sehnsucht*. Denn sucht die *Sehnsucht* nicht überall - und entdeckt sie nicht überall: Sich selbst? Erfährt der Sehnende sich nicht an jedem Ort - und ist nicht jeder Ort einer seines Sehnens?

Nun hatten wir ja festgestellt, dass der Sehnende sich in seinem Sehnen als unvollständig erfährt: Wer sehnt, ist nicht ganz. Wenn dem aber so ist und wir überdies bei der Sehnsucht als einer Stimmung davon ausgehen, dass sie ein Korrespondenzbegriff ist, so müssen wir vermuten dürfen, dass nicht nur der Sehnende, sondern auch seine Welt unter dem Vorzeichen der

Unvollständigkeit steht! Wer Sehnsucht hat, lebt eine fragmentarische Existenz. Und da Existenz nicht nur das Individuum bezeichnet, sondern stets ein Selbst mit seiner Welt (seiner Um-Welt), ist auch diese Welt eine fragmentarische.

Leidenschaft für das Ganze

Dass wir im Fragmentarischen leben, ist aber nun eine Grundaussage der christlichen Anthropologie. Nicht nur unsere Erkenntnis ist Stückwerk (1. Kor 13, 9), unser ganzer Mensch steht unter dem Vorbehalt, dass seine Vollendung noch aussteht (wir *„sehnen uns bei uns selbst nach der Kindschaft und warten auf unsers Leibes Erlösung"*). Und mit uns ist es *„alle Kreatur"*, die sich sehnt und *„ängstet sich noch immerdar"*, also alles Geschaffene (Röm 8, 18ff.). Könnte es nach dem sein, dass die *Sehnsucht* nichts anderes ist als der Ausweis unserer Geschöpflichkeit? Öffnet nicht, vielleicht, das Bruchstück den Blick fürs Ganze, weil ein Fragment überhaupt nicht ohne ein Ganzes denkbar ist?

Welch ein aufregender Horizont, der sich hier auftut: Der Mensch, endlich, bruckstückhaft - und dennoch, nein, gerade darin ein Tor zum Ganzen. Indem wir uns unserer Endlichkeit bewusst werden, indem wir das Fragmentarische unserer Existenz wahrnehmen, winkt die Unendlichkeit stets schon herein. Ohne sie wüssten wir nicht um uns, zumindest nicht um uns als die Vereinzelten und Endlichen und Unvollkommenen. Wir wüssten vielleicht vieles - aber wir wüssten nicht und nichts um uns! Der Mensch, so sagte es Karl Rahner (1904 - 1984) pointiert, *„ist und bleibt das Wesen der Transzendenz, d. h. jenes Seiende, dem sich die unverfügbare und schweigende Unendlichkeit der Wirklichkeit als Geheimnis dauernd zuschickt. Dadurch wird der Mensch zur reinen Offenheit für dieses Geheimnis gemacht und gerade so als Person und Subjekt vor sich selbst gebracht"* (Grundkurs des Glaubens, Freiburg [5]1984, S. 46).

Es ist die Aufgabe der *Sehnsucht*, uns vor dieses unser Geheimnis der Existenz zu holen, immer wieder. Die *Sehnsucht* ist es, die uns wach hält und uns nicht erschlaffen lässt in bürgerlicher Gleichmut, in abgestandener Bequemlichkeit und schaler Alltagsroutine. Es ist die *Sehnsucht*, die sich noch im letzten und verzweifelten ,Das kann doch nicht alles gewesen sein!' zehrend das Wort bricht. Es ist die *Sehnsucht*, die uns warnt vor der beschaulichen Bauchsorge und der selbstgerechten Diesseitigkeit. Es ist die *Sehnsucht*, die uns offen hält für den Advent Gottes bei uns. Diese *Sehnsucht* war das große Thema des heiligen Augustinus (354 - 430), das sich durch sein gesamtes Werk zieht. Wenn wir uns nun ihm zuwenden, so deshalb, weil es immer wieder erstaunt, wie dieser spätantike Denker in einer überzeitlichen Gelassenheit Fragen anspricht, die ihre Herkunftszeit allenfalls durch ihr sprachliches Gewand verraten. Augustinus zeigt uns die *Sehnsucht* als die Leidenschaft für das Ganze.

In einem Brief, den er an die wohlhabende römische adlige Witwe Anicia Faltonia Proba richtete, entfaltete er seine Lehre von der *Sehnsucht*, vom *desiderium*. Augustinus setzt dazu bei der schlichten Beobachtung ein, dass wir uns immer in das „*Viele*" verlieren - wir zerstreuen uns, wir sind unkonzentriert, wir suchen in vielen Richtungen nach Erfüllung, doch die Unzufriedenheit bleibt. Zufrieden könnten wir erst sein, wenn wir auch wirklich unseren Frieden gefunden hätten. Doch davon sind wir weit entfernt, denn wir sind bei den Dingen. So bleibt eine Grundunruhe in uns, die sich nie zu legen scheint (Epistula 130, 15). Augustinus rät aber nun nicht, wie man vermuten könnte, zu einer Abkehr von den Dingen, sondern sucht ganz bewusst die Dinge selbst auf, um sie in ihrer Zeichenhaftigkeit *(„illis rerum signis"*; 130, 17) als Spuren Gottes zu erkennen - und zwar sozusagen als negative, als

Kehrseiten der Zugewandtheit Gottes! Die vielfältigen Ablenkungsmöglichkeiten, die wir uns suchen, sind Gottes Erziehungsprogramm mit uns, weil sie uns unzufrieden lassen. In ihnen spüren wir unsere Mangelhaftigkeit - und sollen sie auch spüren! In der Umkehrung heißt das dann aber auch, dass unsere (offenkundig wesenhafte) Unzufriedenheit der starke Hinweis auf unsere Gottesverwiesenheit, ja *Gottesbedürftigkeit* ist! Augustinus spricht hier von einer stufenweisen Selbsterkenntnis, die uns fragen lässt, wie weit wir in unserer Sehnsucht nach Gott bereits fortgeschritten sind *(„quantum in hoc desiderio profecerimus"*; ebd.). Die Sehnsucht - der Schrittmacher in der Selbst- und Gotteserkenntnis!

Damit erschöpft sich Augustinus' Darlegung aber noch nicht. Wer sich sehnt, will ganz sein, so hatten wir gesagt. Für Augustinus wird nun entscheidend, dass die Sehnsucht nicht nur den Wunsch nach dem Ganzen offenhält, sondern der wichtige Hinweis dafür ist, dass der Mensch auch von dieser Ganzheit herkommt. In seinen *Confessiones* (Bekenntnissen) verdeutlicht er dies am Gleichnis Jesu von der verlorenen Drachme (Lk 15, 8ff.): *„So hatte das Weib seine Drachme verloren und suchte sie mit der Lampe; und wenn sie nicht ihrer sich erinnert hätte, sie hätte vergebens gesucht. Denn als sie sie fand, woher wusste sie, dass es die Drachme war, wenn sie sich ihrer nicht erinnert hätte?"* (*Confessiones*, lat.-dt., Darmstadt ^{4}1980; X, 18, 27). Wie die Frau suchen wir, was wir verloren haben, doch wir suchen es nur, weil es uns gehört und wir uns daran erinnern. Und woran erinnern wir uns? An unsere Zugehörigkeit zu Gott. *„Wo also habe ich Dich gefunden, dass ich Dich kennen lernte? Wo anders als in Dir, über mir? Nirgend ist der Ort; wir gehen weg, wir gehen hin; und nirgend ist doch der Ort"* (X, 26, 37). Wir kommen von Gott und wir gehen zu Gott - und der Weg dazwischen ist die eigentliche Ortlosigkeit, die Heimatlosigkeit des Menschen!

Hier öffnet sich die Welt des Gebetes, ja mehr noch: der *Mystik*. Was entfaltet Augustinus da vor uns: die *Sehnsucht* als der Schlüssel zu unserer wahren Heimat! Unterwegs sein, diese modische Metapher für das Menschenleben, gewinnt hier einen ganz eigenen Klang: aus der Heimat in die Heimat zurück. Das Beten ist nicht ein frommer Vorgang, ein Werk, das wir uns vornehmen; das Beten wird zum *Ausdruck* unserer Geschöpflichkeit. Die Sehnsucht weiß viel mehr davon als wir selbst: *„Desiderium semper orat, etsi lingua taceat. Si semper desideras, semper oras“ („Die Sehnsucht betet beständig, auch wenn die Zunge schweigt. Wenn du dich sehnst, dann betest du“* - Predigt 80, 7). Der Mensch, das betende Wesen.

Schon der Philosoph Bollnow mutmaßte, dass die Stimmungen ein *„Erlebnis der Ewigkeit“* (Wesen der Stimmungen, S. 211) ermöglichen, indem sie den Menschen *„aus der Ebene der Zeit heraustreten“* lassen (ebd., S. 210). Wir ahnen es jetzt: Wenn es in uns aufsteigt, das Zerren und Zehren der Sehnsucht - spricht dann nicht ER mit uns? Tut sich da leise in uns etwas kund, was die Alltäglichkeiten von innen heraus aufsprengt? Geben die Dinge den in ihnen eingesperrten Sinn frei? Rührt Gott selbst uns an?

Zur Ästhetik des Augenblicks

Wir wandeln uns. Aus einstmals Sesshaften, innerlich Sesshaften, werden wieder Jäger und Sammler. Oder auch rastlose Süchtige. Doch, in der Tat: Wir werden zu Süchtigen. Denn zunehmend brauchen wir immer neuen Stoff, stets auf der Suche nach dem Kitzel, nach dem großen Erlebnis, dem ultimativen Mentalkick. Wir sind beherrscht von der Jagd nach dem Neuen. Nur das Neue gilt, nur das Aktuelle ist wichtig.

Das stimme nicht, sei übertrieben? Gewiss - die Übertreibung ist hier gleich spürbar, denn wir werden zunehmend auch *konservativer*, suchen nach dem, was bewahrenswert ist und umbauen uns mit Formen des Vertrauten, des stets Wiedererkennbaren. Aber das *Aktuelle* und das *Konservative* bleiben darum doch immer aufeinander bezogen. Die Sucht nach dem Neuen ruft die Bewahrung als eine Gegenbewegung hervor, in der bewusst nach dem Alten, nach der Tradition und nach überzeitlicher Ordnung gefragt wird. Erweist das nicht geradezu den Sieg des Aktuellen? Das Neue ist es, das den Ton angeben möchte. Und wenn auch das Alte, das Bewahrende und Retardierende meist das Stärkere ist: Das Neue ist allemal lauter und spielt sich in den Vordergrund. Es ist ja überhaupt erst das *Neue*, das das *Alte* zum Alten macht.

Das Neue und die Neugierde

Was ist das Neue? Es ist das, was vom aktuellen Bewusstsein so noch nicht wahrgenommen worden ist. Und was ist das aktuelle Bewusstsein? Es ist dasjenige an unserer Wahrnehmung, was sich durch das Neue bestimmen lässt. Sein Inhalt ist die *Information*. In seiner allgemeinsten Bestimmung ist

Information ein Reiz für einen Empfänger, der bei diesem eine bestimmte Reaktion hervorruft. Die Kybernetik, die Informatik und auch andere Wissenschaften können mit diesem schlichten Schema die Übertragung von Nachrichten beschreiben: Eine Seite gibt Informationen aus, die andere nimmt sie auf. Allerdings bleibt hier unberücksichtigt, dass erst das menschliche Verhalten Informationen so aufgreifen, ablesen und verarbeiten kann, dass sie auch in Entscheidungen und Handlungen umgesetzt werden können. Information ist nicht gleich Information, weil der Mensch keine Maschine ist. Für ihn überlagern sich die Informationen, streiten um Beachtung und verdrängen sich so gegenseitig aus dem aktuellen Bewusstsein. Allenthalben buhlen sie um unsere Aufmerksamkeit, klopfen an das Tor unserer Wahrnehmung und beanspruchen für sich und für uns eines: Wichtigkeit. Es gehört zu den paradoxen Erscheinungen unserer Lebenswelt, dass zwar die Zahl der sich in ihrer Wichtigkeit aufdrängenden Informationen zunimmt, in gleichem Maße jedoch ihre Bedeutsamkeit, die sie für uns haben, und auch die Aufmerksamkeit, die wir ihnen widmen können, zurückgehen. Die Fülle des Neuen macht es uns unmöglich, seiner beanspruchten Wichtigkeit gerecht zu werden. Die vielgenannte Schnellebigkeit der Zeit ist wahrscheinlich am ehesten ein Phänomen der Ereignisfülle - und zwar der Fülle der nicht zu verarbeitenden Ereignisse.

Was sich für wichtig hält und uns also entgegentritt, das möchte nämlich auch beachtet werden. Was beachtet werden will, möchte uns zu Entscheidungen nötigen, zu Handlungen und Verhaltensänderungen. Das Neue hat damit *Aufforderungs-Charakter*. Und auch wenn wir den Aufforderungen gar nicht immer folgen können oder auch wollen, so formt die dauerhafte Präsenz des Neuen langsam und stetig unser Bewusstsein, höhlt es aus und sickert so tief in uns ein. Wir sollen permanent bereit sein, uns dem Neuen zu stellen, auf es zu antworten oder auch uns ihm zu verweigern. Wir reagieren also unentwegt. So entsteht jene latente innere Bereitschaft, die Martin Heidegger als „*Neugier*“ bezeichnet hat. „*Sie sucht*“, so führte er bereits 1926/27 aus, also in einer für uns Heutige sehr viel überschaubarer wirkenden Zeit als der unseren, „*das Neue nur, um von ihm erneut zu Neuem abzuspringen. Nicht um zu erfassen und um wissend in der Wahrheit zu sein, geht es der Sorge dieses Sehens, sondern um Möglichkeiten des Sichüberlassens an die Welt. Daher ist die Neugier durch ein spezifisches Unverweilen beim Nächsten charakterisiert. Sie sucht daher auch nicht die Muße des betrachtenden Verweilens, sondern Unruhe und Aufregung durch das immer Neue und den Wechsel des Begegnenden. In ihrem Unverweilen besorgt die Neugier die ständige Möglichkeit der* Zerstreuung (...)*. Die Neugier ist überall und nirgends*“ (Heidegger, Sein und Zeit, Tübingen [15]1979, S.172f.).

Unverweilen und Zerstreuung - zwei der auffälligsten Signaturen unserer Epoche. Die Neugier, die ihr entsprechende Bewusstseinshaltung, will überallhin. Freilich schafft sie das nicht. Und im Grunde will sie es auch gar nicht schaffen. Denn dafür ist alles viel zu interessant und zu bunt. Ein Geschehnis jagt das nächste, ein *date* drängelt das andere fort, ein *event* springt über das andere. Nichts ist vergangener als die Zeitung von gestern.

Aktualität

Etwas als unaktuell oder auch aktuell zu bezeichnen kommt heute vielfach einem Qualitätsurteil gleich. Diese Feststellung ist banal, ebenso banal wie auch die Absichtserklärung, sich dem Zwang zum Aktuellen entziehen zu wollen. Wohl jeder hat selbst irgendwann einmal den inneren Widerstand gespürt, wenn eine neue Mode, ein neuer Trend, eine neue Information Aufmerksamkeit und damit Kraft, Zeit und Geld beanspruchen wollten. Und wohl jeder weiß es auch, wie schwer es ist, sich dem Neuen zu verweigern. Denn das Neue ist das *Gültige*, nicht weil es besser oder wertvoller, sondern *weil es das Neue ist* und damit an die Stelle des Alten treten will - auf diese plakative Formel gebracht stellt sich uns das Problem der Aktualität dar. Aktualität verbürgt Geschehen und steht so für Lebendigkeit; das Neue zeugt von Bewegung, von sichtbarer Veränderung. Und Bewegung fesselt die Aufmerksamkeit. *„Es geht vorwärts!"* - mit diesem fortschrittsseligen Ausruf aus Hermann Hesses Geschichte *„Die Stadt"* (1910), einem kulturkritischen Abgesang auf die Selbstüberschätzung der Zivilisation und zugleich einem Hymnus auf die Kraft der Natur, lässt sich auch der Glaube des Neuen an sich selbst kennzeichnen: Es geht vorwärts, es bewegt sich, es geschieht etwas, der Weg führt aufwärts. Ich wage die Behauptung, dass der Sieg des Aktuellen über das Voraktuelle und damit über die Tradition und die Kräfte der Bewahrung mit diesem Glauben unserer Kultur an Fortschritt, Besserung und Aufwärtsdrang zu tun hat. Ein Wagnis ist diese Aussage insofern, als Fortschrittsglaube und Aktualitätssucht auf den ersten Blick wenig miteinander gemein zu haben scheinen, verdankt sich ersteres doch immerhin einer moralischen Hoffnung, während Zweiteres als amoralische Selbstbefriedigung auftritt. Und doch eint beide das Band der Bewegung, der puren Veränderung. Die Präsenz des Noch-nicht-Dagewesenen suggeriert Daseinsrecht. Denn was ist, muss wertvoll sein, sonst wäre es ja nicht! Und so wird das, was sich bewegt - ganz gleich, auf welches Ziel hin - zu einer seiner selbst bewussten Demonstration der Berechtigung des Neuen.

Die pure Bewegtheit und die von dieser ausgehende Reizung der Sinne, die bloße Beanspruchung unserer Aufmerksamkeit und die damit verbundene Eroberung unseres aktuellen Bewusstseins, dessen alte Inhalte verdrängt werden sollen, reichen aus, um die Aktualität und ihre fortwirkende Erneuerung durch den Fortschritt als Wert an sich auszuweisen.

Diese Überzeugung, und mag sie auch noch so unbewusst sein, verdankt sich wichtigen Strömungen des abendländischen Denkens. So war es bereits für Heraklit (~ 550- ~ 480 v. Chr.) ausgemacht, dass am Anfang stets Bewegung ist, die Veränderung des Bestehenden. *„Polemos ist aller Dinge Vater, aller Dinge König"* formulierte er (Fragment 53 in: Die Fragmente der Vorsokratiker, Bd. 1, Hildesheim 1974, S. 162). *Polemos* wird vielfach mit Krieg übersetzt. Aber damit ist nur eine Bedeutungsnuance des Wortes erfasst. Denn jeglicher Veränderung liegt ja ein Gegensatz zu Grunde. Ein Zustand soll durch einen anderen ersetzt werden - und erst so kann dann auch Bewegung entstehen. *Veränderung* ist also der Vater aller Dinge; noch genauer gefasst: Der *Gegensatz* ist aller Dinge König. Das immer wieder Neue, das an die Stelle eines anderen tritt und in dieser Bewegung dieses so zum Vormaligen macht, wird auf diese Weise zum Garanten von *Lebendigkeit*. Leben heißt Selbstbehauptung, ist Durchsetzung der eigenen Kraft - und sei es auf Kosten eines anderen. Denn was lebendig ist, das hat auch Recht.

Nun wäre es gewiss geschichtlich nicht korrekt, Heraklit zum Ahnherrn der Moderne zu erklären. Aber in seinem Denken kündigt sich bereits eine Gemeinüberzeugung an, die das Heute unübersehbar prägt: *Leben ist Bewegung, Stillstand ist Tod*. Und da Leben immer mehr zum höchsten der Güter, zum Wert an sich wird, bedarf es keiner Rechtfertigung, wenn es sich machtvoll äußert. Es ist pure Präsenz, was sich da aufdrängt und bemerkt werden will; es ist: *Aktualität*.

Zeiterfahrung

Wie verhält es sich nun mit der erfahrbaren Zeit, die durch die Aktualität vermittelt wird? Was bloß da ist, bloß präsent, bloß anwesend, kennt keine Vergangenheit und keine Zukunft. Erinnerung ist nicht vonnöten, um das Aktuelle aufzunehmen, ja, sie wäre sogar hinderlich, weil sie dessen

Bedeutung nur schmälern könnte. Und so muss jede Neuigkeit darauf bedacht sein, zeitlos aufzutreten. *Jetzt* ist der Augenblick, der verweilen soll - und er wird nie wieder kommen. Aber auch Zukunftssicherung, auch Planung ist unsinnig, weil es kein Morgen zu geben braucht, dem die eigentliche Fürsorge gilt. Das Aktuelle möchte stets die Rolle des Protagonisten haben, nein: Es spielt ein Monodram, weil es ja gar nichts anderes um sich wahrnimmt. Es ist sich selbst genug - und das soll allen anderen auch genügen. Die von ihm vermittelte Zeiterfahrung ist also die einer gleichsam *meteoritischen Präsenz*: Wie aus dem Nichts tauchen Ereignisse auf, die das aktuelle Bewusstsein besetzen, in einem Gewaltakt die Reste früherer Bewohner zu tilgen suchen und sich dann genüsslich in uns breitmachen wollen. Und da sitzen sie dann, die Aktualitäten, als habe es sie schon immer gegeben, bis, ja, bis sie selbst aus unserem Bewusstsein geworfen werden, nämlich von der nächsten Neuigkeit. Insofern ist es eigentlich nicht korrekt, von einer *Zeiterfahrung* zu sprechen, denn Zeit setzt ja immer sich verändernde Subjekte voraus, die eine Geschichte, nämlich die eigene, ihre Lebensgeschichte haben. Die meteoritische Präsenz der Aktualität dagegen wendet sich nicht an geschichtliche Subjekte. Sie ist da und will dieses Da-Sein auf den Menschen übertragen. Dadurch geschieht jedoch etwas höchst Bedeutsames: Die Aktualität macht den Menschen so zum Zeugen ihrer selbst, so dass er ihre Anwesenheit in sich spiegelt, während sie wiederum durch diese Anwesenheit das Dasein des Menschen erweist. In der Teilhabe an der Aktualität zeigt sich sein Zweck: Nur wer auf dem Laufenden ist, ist auch tatsächlich *Zeitgenosse*.

Die Zeit, in dieser Weise als Aktualität verstanden, erhält so tatsächlich den Status des handelnden Subjekts, dem wir uns unterordnen, ob freiwillig oder auch murrend. Sie ist es, die darüber entscheidet, was ihr gemäß, zeitgemäß ist. Sie (und nicht der einzelne Mensch) befindet, was als modern oder unmodern zu gelten hat. Was sie präsentiert, das gilt. Was keine Präsenz, keine Aktualität besitzt, das gilt auch nicht, es hat keine *Wirksamkeit* und ist damit nicht *wirklich*. Und darum muss, wer Anschluss an die Wirklichkeit behalten möchte, den Schulterschluss mit der Aktualität suchen. Auf dem Laufenden zu sein ist also heute schon ein Gebot des Selbstschutzes, um sich selbst aktuell überhaupt spüren zu können. *„Mach nicht den Fehler und leb zu lang. Oder du müsstest ertragen, dass die Welt, die du liebst, mein Kind, sich von dir abdreht, wegrutscht, eingeht wie zu heiß gewaschene Wolle"*, könnte dann die Warnung an jene lauten, die sich der Verpflichtung zur Aktualität nicht stellen möchten (Erhart Kästner, Aufstand der Dinge, Frankfurt/Main 1973, S. 7). Ihr gehört nicht dazu. Waret Ihr je *in*, so seid Ihr jetzt gewiss *out*. Und aus Geschmacksurteilen werden so sehr schnell Wertungen.

Der Augenblick und die Zeit des Glaubens

Jede Bewegung ruft eine Gegenbewegung hervor. Das ist eine Notwendigkeit. Wenn das Jetzt zur sich selbst als Wert setzenden Macht wird, mobilisiert es Gegenwerte. Das Aktuelle trifft im betont Nichtaktuellen seinen Gegner. Es schlägt die Stunde des *Bewahrens*, des Konservativen. Der Globalisierung tritt die Regionalisierung entgegen, der lingua franca des Englischen der Dialekt, dem Internet der Schrebergarten und die Terrasse. Das *Bewahren* als Gegenbewegung zum *Aktualismus* liegt aber nun mit diesem auf *einer* Zeitlinie, so wie die Ausschläge eines Pendels *eine* Linie beschreiben. Denn wer dem Bewahren das Wort redet, tut dies ja nur, weil er sich dem Zwang zum Aktualismus verweigern möchte - und bestätigt ihn dadurch geradezu. Bewahren heißt ja, dem Vergehen Dinge zu entnehmen oder gar zu entreißen, die als bewahrens*wert* gelten sollen. Wo ich bewahren möchte, billige ich dem Neuen zugleich die größere Macht zu als den bindenden Kräften der Vergangenheit und der Erinnerung.

Dem Aktualismus ist also nicht dadurch zu entkommen, dass man sich - retardierend, repristinierend, konservierend - der Zeit verweigert. Wir setzten ihrer Aktion lediglich jeweils die Re-Aktion entgegen, würden so zu Reaktionären, die, mehr oder weniger gekonnt, die ins Spiel gebrachten Bälle zurückschlagen. Doch für uns selbst hätten wir dann nichts getan. Und genau das müssen wir, wenn wir denn nicht vollständig in der Zeitgenossenschaft aufgehen möchten. Wollen wir uns spüren? Und wollen wir dies als solche, die sich durch das Aktuelle vorgegeben werden - oder haben wir die Befürchtung, uns hierbei selbst zu verlieren? Die Präsentation des Neuen zwingt uns zu Entscheidungen, zu stets neuen Entscheidungen, denen wir selbst kaum hinterherlaufen können. Wie paradox: Die von uns geforderte und erbrachte Aufnahme des Aktuellen ist uns selbst stets vorneweg. Wir gehen uns selbst verloren.

Auch das gehört übrigens zum Erscheinungsbild der Aktualität, dass sie keine Standards der Reaktion erlauben möchte, sondern ein stets neues Einschwenken und Fokussieren. Freilich täuscht sie sich dabei, langweilt doch das Neue irgendwann einmal - und zwar nicht trotz, sondern gerade wegen seiner Neuheit. Doch wie auch immer, die Zeitlinie verlassen wir auf diesem Weg nicht. Diesseits ihrer lässt die Zeit kein Entkommen zu.

Aber womöglich in ihrem *Jenseits*? Die abendländische Tradition vermutet, dass es kein Werden und Wirken ohne ein zugrundeliegendes Sein geben kann: *agere sequitur esse*. Ein Wirken allein kann es nicht geben, es muss ein Etwas da sein, das sich verändert und, in einiger Zeit, mit sich selbst verglichen werden kann. Tätigkeit verlangt nach dem Jenseits seiner selbst, nach Untätigkeit, Bewegung verlangt nach Ruhe, Aktualität nach Substanz, sonst hätten die Begriffe überhaupt keinen Sinn. Und so will Zeit eben Nichtzeit. Sie möchte keine Dauer, die ja nur die Dauer ihrer selbst wäre, sondern etwas Überzeitliches. Um sich als Zeit zu verstehen, braucht sie das Jenseits ihrer selbst, das in der Tradition den Namen *Ewigkeit* erhalten hat.

Mit dem bloßen Begriff der *Ewigkeit* lässt es sich jedoch noch nicht leben. Wie können *Zeit* und *Ewigkeit* also in einer Weise zusammenkommen, die sie sich gleichsam berühren lässt - und zwar für uns erfahrbar berühren? Indem wir uns selbst wollen, indem wir uns, ob wir uns nun bejahen oder auch verneinen gilt gleichviel, in ein Verhältnis zu uns selbst setzen! Denn gerade unser Selbstverhältnis enthebt uns der puren Zeitlichkeit. Søren Kierkegaard versuchte einst, diese Entdeckung im Begriff des *Augenblicks* zu fassen. Die Zeit selbst war ihm lediglich ein Vergehen, das nichts Gegenwärtiges besitzt. Der Augenblick dagegen bezeichnete ihm *„das Gegenwärtige als ein solches, das nichts Vergangenes und nichts Zukünftiges hat; denn hierin liegt ja die Unvollkommenheit des sinnlichen Lebens. Das Ewige bezeichnet ebenfalls das Gegenwärtige, das nichts Vergangenes und Zukünftiges hat, und dies ist des Ewigen Vollkommenheit“* (Der Begriff Angst [1844], Düsseldorf 1952, S. 88). Der Augenblick ist also pure Gegenwärtigkeit, keine Zeit mehr mit ihrer Gliederung in verschiedene Zeitstufen. Doch was wird hier erfahren? Kierkegaard behauptet: Nicht weniger als der Anspruch Gottes! Der Einzelne, der sich zu sich in ein Selbstverhältnis stellt, fällt die Entscheidung darüber, ob er sein Leben bewusst lebendig oder unbewusst dumpf wahrnehmen will. Den Ort dieser Entscheidung nennt Kierkegaard das *Gewissen.*

Allerdings dürfen wir dabei nicht sogleich an eine innere moralische Instanz des Menschen denken. Das *Gewissen* ist vielmehr dasjenige in mir, was mich nach Gewissheit fragen lässt! Und diese Frage führt notwendig über die Zeitverfallenheit hinaus. Denn in der Zeit bleibe ich ihr Spielball und habe womöglich gar kein Interesse daran, mich ihrer zu entwinden. Weil mich mein Gewissen über die Zeit stellt, kann es seine Kraft nur aus einem Jenseits der

Zeit erhalten. Das Gewissen wird zum Einfallstor der Ewigkeit, durch das Gott sich dem Einzelnen kundtut. Im *Augenblick* begegnet der Mensch Gott; er wird ihm gegenwärtig, indem er seiner eigenen geschöpflichen Bedingtheit inne wird: „*Wann empfängt er diese? In dem Augenblick. Diese Bedingung, was bedingt sie? Dass er das Ewige versteht*" (Philosophische Brocken [1844], Düsseldorf 1952, S. 61). Der Augenblick ist also, anders als das Wort beim ersten Hinsehen zu sagen scheint, kein minimales Zeitmaß, das der Dauer eines Blickes mit den Augen entspräche. Die deutsche Mystik verwendet den Ausdruck *Nu* oder *Nun*, um die zeitlichen Anklänge möglichst gering zu halten, und spricht vom „*nu der ewikeit*" (Friedrich Kluge, Etymologisches Wörterbuch, Berlin [20]1967, Art. „*Nu*"), in dem Gott gegenwärtig mit dem Menschen wird. Angelus Silesius (1624 - 1677) fasste diese Glaubenserfahrung in das Distichon:

„Mensch, wenn dir auf der Welt zu lang wird Weil und Zeit,
So kehr' dich nur zu Gott in's Nun der Ewigkeit"
(Der cherubinische Wandersmann, Zürich 1979, S. 74).

Welche Zeit hat der Glaubende also? Wenn wir Kierkegaard und der mystischen Tradition folgen, müssen wir antworten: Gar keine. Glaube lebt zwar *in* der Zeit, hat seinen Ursprung jedoch *außerhalb* ihrer, dort nämlich, wo ihm der Urheber dieses Ursprungs gegenwärtig wird. Glaube lebt aus der Erfahrung der Zeitlosigkeit dieser Gegenwart Gottes, aus der Überzeit, der Nichtzeit. aus dem Jenseits der Zeit, aus dem diese sich überhaupt erst erhält. Glaube kommt aus der Ewigkeit.

Die Feier der Gegenwart

Können allein die Mystiker sich dem Zeitsog entziehen? Ist Religion nur ihre Sache? Gehört sie dem Einzelnen, des sich entscheidenden? Sie kann es nicht sein, sonst wäre sie nicht ein die Mehreren ergreifendes Phänomen. Sie darf es nicht sein, sonst wäre sie eine Sache ohne Appellcharakter. Sie möchte es nicht sein, sonst wäre sie nicht sie selbst, nämlich Begegnung mit dem Heiligen. Religion stiftet nicht nur die Erfahrung dieser Begegnung, sondern auch die Regeln im Umgang mit ihr. Sie ist eine *kollektive Ästhetik* des *Augenblicks*, eine Schule der Wahrnehmung der Ewigkeit. Als eine solche Schule gibt sie geschichts- und erfahrungsgesättigte Hinweise für den Umgang mit dem Heiligen, sie erzählt Geschichten aus der Begegnung von Menschen mit dem Unverfügbaren und zeigt, wie es sich in der Zeit und unter deren Bedingungen leben lässt. Als kollektive Ästhetik des *Augenblicks* warnt sie davor, den *Einzelnen*, sein Gewissen und die Nötigung zur Entscheidung zu vergessen, als *kollektive* Ästhetik des Augenblicks sucht sie, den Wildwuchs des Subjektivismus einzudämmen: *„Wir beten doch nicht, was jedem sein Herz eingibt, wir treten in eine Ordnung des gebeteten Wortes ein, an der die Geschlechter unserer Väter gebaut haben. Wir treten in sie ein, das heißt nicht ich und du, sondern die betende Gemeinde, der du und ich angehören. Was dir dein Herz eingibt, kannst du deinem Schöpfer sagen, wenn du in der Morgendämmerung erwachst, oder wenn du vor die Stadt gehst und einsam bist; aber die Ordnung hat ihren Raum und ihre Zeiten, die geachtet sein wollen“* (Martin Buber, Gog und Magog, Frankfurt/Main 1957, S. 80).

Wo können die beiden Pole dieser Ästhetik zusammenkommen, wo findet sich eine solche Ordnung, die kollektive Glaubens-Erfahrungen und subjektive religiöse Ansprüche zusammenbinden könnte? Es ist am ehesten die *Liturgie* des Gottesdienstes, die diesen Raum bereithält. Wenn der Glaube, und zwar nicht nur der christliche, eine Begegnung mit dem Heiligen ist und sich nun aber doch (christlich gesprochen) Gott verdankt, dann braucht er eine Ordnung für diese Begegnung, um ihr nicht unvorbereitet ausgesetzt zu sein. Eine solche Ordnung ist die Liturgie, wobei das Wort hier das *Ganze* des christlichen Gottesdienstes meint. Es gibt eine verhängnisvolle Zweiteilung des (evangelischen) Gottesdienstes in die Predigt als das Eigentliche und die Gebete, Lieder, Bekenntnisse, Segenshandlungen und Sakramente, die als mehr oder weniger schmückendes Beiwerk verstanden werden. Verhängnisvoll sind solche Unterscheidungen deshalb, weil sie das evangelische Verständnis von *Wort Gottes* auf den Bereich der Predigt und damit auf das Können, auf die Willkür, auf die Brillanz oder auch auf das Versagen des Predigers zu beschränken drohen. *Wort Gottes* ist nicht Rede, ist nicht ein zur menschlichen Sprache analoges Redegeschehen auf höherer Ebene. Wenn das Johannesevangelium (in Luthers Übersetzung) mit dem machtvollen Lied einsetzt: *„Im Anfang war das Wort, und das Wort war bei Gott, und Gott war das Wort. Dasselbe war im Anfang bei Gott. Alle Dinge sind durch dasselbe gemacht, und ohne dasselbe ist nichts gemacht, was gemacht ist“* (1, 1-3), so wird gleich deutlich, dass hier von Jesus als dem Christus die Rede ist. Im Griechischen des Originals steht der Begriff *logos*, was wir nur unzureichend mit *„Wort“* übersetzen. Sein Bedeutungsspielraum ist wesentlich umfangreicher und umfasst nicht nur den Bereich des Sprechens, sondern auch den des Berechnens und der Rechenschaft, der Wissenschaft und der Begriffsbildung und der Vernunft. Der Logos ist die der Welt eingestiftete und diese durchwaltende Ordnung. Goethe lässt seinen Faust bei dessen Übersetzungsversuchen die Möglichkeiten *Wort*, *Sinn*, *Kraft* und *Tat* erwägen - und auch wir tun gut daran, hier Offenheit herrschen zu lassen. Eine *Predigt*, eine bloße Rede, wäre gar nicht in der Lage, der Fülle dieses Spektrums gerecht zu werden. Sie darf sich in ihrem Bemühen, das Geschehen der biblischen Überlieferung als unserer Zeit gemäß zu zeigen und uns Heutigen gegenwärtig werden zu lassen, nicht überfordern, sondern braucht die Hilfe weiterer das Heilige vergegenwärtigender Elemente. Denn das ist ja der Sinn dieses *Logos*, der zu den Menschen kommt und zu ihnen unterwegs ist und immer unterwegs sein wird: Anteilgabe am Heiligen - oder, konkret gesprochen: Jesus Christus öffnet uns das Tor zu Gott. Und das soll heute geschehen; es soll nicht eine Mär aus längst vergangener Zeit sein, sondern eine Erfahrung der Gegenwart. Gott und Mensch werden einander gegenwärtig. Und die Liturgie des Gottesdienstes feiert das, sie *zelebriert diese Gegenwart*, stellt sie dar und macht sie so erfahrbar. Die *Lesungen* und die *Predigt* vergegenwärtigen im Reden und Hören, das *Gebet* und das *Schweigen* der Gemeinde wenden sich an den vernehmenden Gott, in den Liedern und der Musik lobt sie ihn. Und in der Feier der *Eucharistie* erfahren wir diese Gegenwart sogar leibhaft, indem *Er* in uns eingeht.

„Gott ist gegenwärtig. Lasset uns anbeten und in Ehrfurcht vor ihn treten. Gott ist in der Mitte. Alles in uns schweige und sich innigst vor ihm beuge“ (Gerhard Tersteegen, Evangelisches Gesangbuch 165, 1).

Vielleicht sind wir ja alle einem Wahn erlegen, der Vorstellung nämlich, dass die Zeit eine Macht sei und wir ihr verfallen. Wer sagt uns denn, dass es so ist? Der Gottesdienst feiert Gott, er feiert ihn als den *Gegenwärtigen*, der in Jesus Christus als dem Logos *da* ist. Vielleicht ist ja nicht die Zeit das Ursprüngliche, sondern die Ewigkeit, aus der sich, als ihr Widerpart und Jenseits, alle Zeiten und alle Aktualitäten überhaupt erst ableiten? *„Und von seiner Fülle haben wir alle genommen Gnade um Gnade“* (Joh 1, 16). Der Gottesdienst braucht jedenfalls keine aktuellen Bezüge! Er muss, im Gegensatz zu uns Zeitwesen, nicht auf dem Laufenden bleiben, weil er einen Vorgeschmack der Aufhebung aller Zeiten gibt, einen Ausblick auf die Ewigkeit. In ihm berühren sich Himmel und Erde.

Nachfolge – oder: Mit wem hältst Du Gemeinschaft?

„Als ein Unbekannter und Namenloser kommt er zu uns, wie er am Gestade des Sees an jene Männer, die nicht wussten, wer er war, herantrat. Er sagt dasselbe Wort: Du aber folge mir nach! (...) Er gebietet. Und denjenigen, welche ihm gehorchen, Weisen und Unweisen, wird er sich offenbaren in dem, was sie in seiner Gemeinschaft an Frieden, Wirken, Kämpfen und Leiden erleben dürfen, und als ein unaussprechliches Geheimnis werden sie erfahren, wer er ist ..." Mit dieser Vergegenwärtigung Jesu lässt Albert Schweitzer (1875 – 1965) seine *Geschichte der Leben-Jesu-Forschung* (1906/13) ausklingen. Der Ruf Jesu ... Zunächst einmal zwingt er uns vor uns selbst: Schau her, das bis Du! Sehr klein, sehr hässlich vielleicht sogar; ein Versehrter. Siehst Du nicht die Furchen und Narben auf Deiner Seele? Du brauchst so viel Liebe, soviel Erbarmen, weit mehr, als Du verdienst. Erkennst Du das wohl? Die Begegnung mit Jesus wird zum Spiegel. Er ist nicht der, den wir aus ihm gern gemacht hätten, weder der warmherzige säuselnde Heiland noch der Sozialreformer, sondern der unerbittliche Erforscher unserer selbst und unserer falschen, verlogenen Lebensumstände. Von Harmonie keine Spur: *„Ihr sollt nicht wähnen, dass ich gekommen sei, Frieden zu bringen auf die Erde. Ich bin nicht gekommen, Frieden zu bringen, sondern das Schwert"* (Mt 10, 34-39).

Beunruhigungen

Die Begegnung mit Jesus schafft keine Beruhigung, im Gegenteil. Sie kehrt das Unterste nach oben und das Oberste nach unten. Gewohnheiten geraten ins Schwanken und drohen fremd zu werden; das Gesicht des vertrautesten Menschen kann sich als fern und dunkel erweisen und wir erkennen die eigene Hand nicht mehr. Der Ruf Jesu hat einen Namen: *Nachfolge*! *„Folgt* *mir nach*" (Mk 1, 17) sagt er damals zu den Brüdern Simon und Andreas, die er am Ufer des Sees Kinnereth beim Fischfang antrifft. Drei Worte, die schlichter kaum sein könnten. Und doch erhalten sie Bedeutungsschwere und Wucht, weil sie das Leben der beiden, und in der Folge nicht nur das ihre, von Grund auf veränderten. Sie mögen buchstäblich nichts ahnend gewesen sein, die Fischer, die doch für sich und ihre Familien nur den Lebensunterhalt verdienen wollten. Aber ihr Streben nach Sicherheit wurde durchkreuzt. Und mit einem Mal war alles ganz anders. Wir wissen nichts über die näheren Lebensumstände der späteren Apostel oder Jünger. Daher können wir bei Andreas und Simon nichts darüber sagen, warum sie Jesu Ruf so bedingungslos, ja gleichsam blindlings gehorchten: *„Alsbald verließen sie ihre Netze und folgten ihm nach"* (Mk 1, 17). Ob sie unzufrieden waren mit ihrem Leben als Kleinunternehmer, Kleinstädter und Familienväter? Fühlten sie sich eingeengt? Waren sie ergriffen von der religiösen Aufbruchstimmung ihrer Zeit, hatten sie gar von dem Täufer Johannes oder von Jesus selbst gehört und warteten lediglich auf einen solchen Ruf, wie sie ihn dann auch tatsächlich hörten? Nichts von alldem lässt sich beantworten. Nur so viel: Der Ruf in die Nachfolge ertönte - und sie kamen.

Sie verließen die Sicherheit. Denn was konnte ihnen der Wanderrabbi aus Nazareth schon bieten? Bis zum Zeitpunkt ihrer Begegnung allenfalls Gerüchte um seine Person. Auf ein solches Ohngefähr verlässt keiner seine Netze und sein Daheim. Und doch brachen sie auf und gaben ihrer Bürgerlichkeit den Laufpass. Warum? Es war seine Person, die sie auf den Weg trieb, es war der Ruf selbst, dem sie sich überantworteten. Nicht irgendeiner Sache, einer Idee folgten sie, sondern einem Menschen. Der Nachfolgende folgt Jesus Christus und nichts sonst.

Der historische Bürger

Bürgerlichkeit - was ist damit gemeint? Ursprünglich der Stand des freien Städters, der gleichberechtigt neben den Bauern, den Geistlichen und den Adligen zu treten suchte. Geschichtlich sind die Kämpfe dieser Stände um die politische Vorherrschaft überholt. Mit der bürgerlichen Denk- und Lebensweise sieht dies jedoch anders aus. Durch die Französische Revolution und ihre Folgeerscheinungen zu politischer Macht gekommen, sah sich das Bürgertum genötigt, sich seinerseits ein Fundament zu geben. Denn die überkommenen Rechte von Adel und Kirche sollten ja nun gerade nicht mehr als selbstverständlich gelten. Es waren zwei Kapitalien, die das Bürgertum zu dem werden ließen, was es dann, durch alle historischen Wandlungen hindurch, bis in unsere Gegenwart sich selbst treu bleiben ließ: *Besitz* und *Bildung*. Beides waren erreichbare Größen, die sich dem Fleißigen als Lebensprämie darboten. Das neunzehnte Jahrhundert, das zwanzigste Jahrhundert, Kriege, Inflationen, Zusammenbrüche, Aufbrüche - mit Fleiß, Können und Klugheit gelang es dem Bürgertum, sich immer wieder siegreich den neuen Verhältnissen anzupassen - stets darauf bedacht, das Seine zu wahren. Und gerade darin liegt, bei aller Bewunderung für seine kulturschaffende Kraft, auch seine innere Gefährdung. Denn wo das Eigene bewahrt werden muss, wird zugleich die Mauer notwendig: Der Raum des Privaten entsteht und muss gesichert werden.

Die politische und wirtschaftliche Unabhängigkeit, die das Bürgertum stolz erringen konnte, wurde um eines hohen Preises willen erkauft. Denn die Freiheit dieser Unabhängigkeit ist notgedrungen in der Gefahr, zur Unfreiheit der Besitzstandswahrung zu verkommen. Der Stolz auf das Errungene droht umzuschlagen in die Furcht vor dem Verlust. Nichts ersehnen die Menschen mehr als bürgerliche Behaglichkeit, als Sicherheit und überschaubare Lebensverhältnisse. Ein wenig bunt und exotisch darf es zwar zugehen, und, wenn man etwas mutiger ist und die besondere Abwechslung braucht, dann bucht man eine Abenteuerreise. Aber gleichzeitig wird auch eine Reisegepäckversicherung abgeschlossen.

Der geistige Bürger

Freiheit, Selbstbestimmung, Unabhängigkeit steht auch heute noch auf den Fahnen des Bürgertums, die bereits vor über zweihundert Jahren gehisst worden sind. Doch längst schon haben sich diese Wünsche als Illusion entpuppt; längst schon hat sich die Anfälligkeit gerade der bürgerlichen Lebensweise für radikale Ideologien gezeigt. Der Bürger ist eben nicht der für sich stehende Mensch. Er ist in einem hohen Maße unfrei, ein Spielball der Mächte, die sich seinen Freiheitswillen zu Nutz machen können - und zwar gerade deswegen, weil er so nach Freiheit strebt! Die Freiheit, die der Bürger meint, ist die der Unabhängigkeit von anderen. Und diese kann er sich nur leisten durch die äußere Etablierung gutgesicherter Lebensumstände, die ihren Preis fordern. Zum einen wenden sich diese Lebensumstände nämlich nach außen. Sie müssen sich gegen die anderen richten, weil ich sonst nicht weiß, was mein Eigenes ist. Zum anderen: Wer äußere Sicherheit sucht, weil er seine innere Sicherheit schützen möchte, wird leicht zu beeinflussen sein von dem, der ihm solches verspricht. Ideologien tauchen auf, politische Verführer. Oder aber, die wohnzimmergerechte Variante, es schlägt die Stunde der Versicherungen. Es gibt nichts, was nicht auch versichert werden könnte, Gesundheit, Wohlstand, Ausbildung, Brüste, Auto, Kinder, Haustiere, Schmuck, Fensterglas, Arbeitsfähigkeit, Reisekosten ... - es hat den Anschein, als sollte gleich das ganze Leben abgesichert werden. Aber Lebensversicherungen gibt es ja auch schon seit langem. Eine rasende Furcht muss hinter solchem Denken stehen! Welche Furcht ist so groß, dass Menschen bereit sind, Milliardenbeträge für ihre Bannung auszugeben? Hier kommt doch eigentlich nur die Furcht vor der absoluten Unsicherheit in

Frage, vor dem Tod. Der Bürger ist der Mensch der Todesfurcht, freilich in der Weise, dass er sie wegdrängen möchte aus seinem Leben, aus seinem Denken, aus seinem Herzen. Aber sie ist da, sie beherrscht ihn so, dass sein Alltag zu einer einzigen Demonstration seines Unsterblichkeitswunsches wird. Der Bürger baut und plant, als ob es den Tod nicht gäbe. Keine Epoche hat in solcher Weise das Gesicht der Erde geprägt wie die bürgerliche. Was hier entstanden ist, wird noch vielen Generationen ein Zeugnis für die bürgerliche Hoffnung auf Unvergänglichkeit, auf letzte Sicherheit geben.

Bürgertum ist keine Sache der Einkommensverhältnisse. Ob einer Bürger ist oder nicht, das entscheidet sich an seiner Suche nach Sicherheit. Nun ist Sicherheitsbedürfnis zuerst einmal ja gar nichts Verwerfliches. Ich möchte wissen, ob ich auch morgen ein Dach über dem Kopf haben werde und in der Küche Brot und Butter finde. Ich will wissen, ob meine Kinder eine gute Schulbildung bekommen werden und später einen Arbeitsplatz. Ich trage so Verantwortung für mein Leben und für das der Menschen, die mir anvertraut sind. Die Sicherung meiner Verhältnisse dient also dazu, meine Lebensmöglichkeiten zu entfalten. Besser: Sie sollte dazu dienen. Dienen! Sie ist nämlich kein Selbstzweck, sie ist nicht das Leben selbst.

Vom Anspruch des Evangeliums

Bürgertum ist diejenige Lebenseinstellung, die das Sicherheitsbedürfnis schon mit dem Leben selbst verwechselt oder gar gleichsetzt. Der Bürger (nicht der historische, sondern der Bürger als Typus!) will seine Ruhe haben; er sucht eine Ordnung, die ihm die größtmöglichen Rechte einräumt - ohne darüber nachzudenken, ob diese Freiheit, ob diese Rechte nicht durch Unfreiheiten oder Unrechte erkauft worden sind. Was er ist und wie er ist, ist schon recht so - allein deswegen, weil er so ist und weil es so ist. Mag es Unzufriedenheiten geben, Irritationen, kleine Attacken von Weltschmerz - was soll es: Grübeleien nützen nichts und führen auch nicht weiter, weil sie immer im Rahmen der bestehenden und im Grunde auch bejahten Sicherheitsordnung verbleiben. Bürgerlichkeit fängt also im Herzen an und hat nicht unmittelbar etwas mit der Zugehörigkeit zu einer sozialen Schicht oder auch Einkommensgruppe zu tun. Es spielt nicht notwendig eine Rolle, ob wir verheiratet sind oder nicht, ob wir Kinder haben oder nicht, ob wir ein Haus besitzen oder nicht. Man kann auch in einem Kloster verbürgerlichen - und: Man kann auch als Hausfrau mit Kittelschürze unbürgerlich leben. Die entscheidende Frage, die wir uns stellen müssen, wenn wir uns auf unsere Verbürgerlichung überprüfen wollen, sozusagen also der Lackmustest, lautet: Wie viel Kraft zur Veränderung trägst Du in Dir? Hast Du den Mut, Dich auf die Wandlungen des Lebens einzulassen oder möchtest Du lieber, dass alles beim Alten bleibt? Bist Du fähig, innerlich oder sogar äußerlich gewohnten Sicherheiten des Abschied zu geben, wenn sie nicht mehr dem Leben dienen?

Das Evangelium kündet vom Aufbruch. Und der ist durch und durch unbürgerlich. Oder wie sollen wir es verstehen, wenn Jesus von sich selbst sagt: *„Die Füchse haben Gruben, und die Vögel unter dem Himmel haben Nester; aber der Menschensohn hat nichts, wo er sein Haupt hinlege*“ (Mt 8, 20)? Es bedarf schon großer interpretatorischer Salti mortali, um das mit der saturierten Selbstgefälligkeit unserer überzivilisierten Gegenwart ohne Brüche in Einklang zu bringen. *„Wer seine Hand an den Pflug legt und sieht zurück, der ist nicht geschickt für das Reich Gottes“* (Lk 9, 62) - gewiss, gewiss, eine andere Zeit, andere Lebensumstände, andere Lebenseinstellungen, Menschen, die den Anbruch des Reiches Gottes erwarten - - meinen wir wirklich, wir können alles so wegerklären? Verspüren wir nicht doch einen leichten Stich, wenn wir diese Jesusmahnungen hören? Ist uns wohl dabei, wenn wir alles, was uns herausfordert, sogleich umbiegen und auf das handliche Format der gewohnten Kirchlichkeit und unanstößigen Sozialverträglichkeit bringen? Nein, entweder geben wir das Evangelium dran, weil wir es als das erkannt haben, was es auch tatsächlich ist, nämlich eine Störung des Gewohnten. Oder aber wir folgen den fragenden und zweifelnden Regungen in uns, dem kleinen Unbehagen, lassen ihm Raum, zum großen anzuwachsen und überprüfen unsere Lebensweise am Leitfaden des Evangeliums. Wenn sich dabei etwas an unserer Lebensauffassung oder gar an unserem Lebensstil ändern sollte - wäre das ein Schaden?

„Dir künd ich auf ewig Hohn“

„Die Mitternacht zog näher schon;/ In stummer Ruh lag Babylon“- - so lässt Heinrich Heine 1822 sein Gedicht *„Belsatzar*“ beginnen, dessen Motive er dem Danielbuch entnommen hatte. Eine grausige Szenerie wird uns geschildert. Der siegestrunkene babylonische Herrscher feiert mit den Seinen den Triumph über Juda mit einer ausgelassenen Gasterei. Auf ihrem Höhepunkt lässt er sich die geraubten Gerätschaften aus dem Jerusalemer Tempel bringen. *„Und der König ergriff mit frevler Hand/ Einen heiligen Becher, gefüllt bis am Rand./ Und er leert ihn hastig bis auf den Grund,/ Und rufet laut mit schäumendem Mund: Jehovah! dir künd ich auf ewig Hohn -/ Ich bin der König von Babylon!*“ Der Fluch hat böse Folgen, denn es erscheint eine Flammenschrift an der Wand, die dem König den Untergang bringt: *„Belsatzar ward aber in selbiger Nacht/ Von seinen Knechten umgebracht.“*

Hier hat jemand Gott gelästert - und er musste seinen Mut mit dem Leben bezahlen. Der Größe seiner bösen Worte entsprach die Größe seiner Vernichtung.

Was eigentlich ist *Gotteslästerung*? Für den Gesetzgeber bedeutet sie immerhin ein so schweres Vergehen, dass er sie unter Strafe stellt: *„Wer öffentlich oder durch Verbreiten von Schriften den Inhalt des religiösen oder weltanschaulichen Bekenntnisses anderer in einer Weise beschimpft, die geeignet ist, den öffentlichen Frieden zu stören, wird mit Freiheitsstrafe bis zu drei Jahren oder mit Geldstrafe bestraft.“* Auch die Verunglimpfung einer Kirche oder einer anderen Religionsgesellschaft des öffentlichen Rechts wird so geahndet (§ 166 StGB). Der Glaube soll also geschützt werden. Allerdings geht es dem Staat dabei nicht um Gott, sondern um das Recht des einzelnen und, vor allem, um die Ruhe des Zusammenlebens.

Damit wissen wir jedoch noch immer nicht, was es eigentlich heißt, Gott zu lästern. Auch ein Blick in theologische Nachschlagewerke, Dogmatiken oder Glaubenslehren hilft kaum weiter. *Blasphemie*, wie das griechische Wort für Gotteslästerung lautet, taucht meist nicht einmal als Stichwort auf. Ist sie für die Theologen kein bedenkenswerter Gegenstand? Dabei haben wir doch immer wieder mit dem Phänomen zu kämpfen, dass Menschen sich über den Glauben anderer oder auch über dessen Inhalt in abfälliger Weise äußern. Und durch den freieren Zugang zu den Medien und deren größere Verbreitung häufen sich in letzter Zeit die Fälle, in denen sich jemand in seinem Glauben durch das Verhalten anderer verletzt fühlt. Schon darum kann Gotteslästerung nicht einfach stillschweigend übergangen werden.

Die Wortgeschichte nun, die Etymologie also, führt das Wort auf *Laster* zurück, was schon in den Anfängen der germanischen Sprachen *Fehler* oder *Schmähung* bedeutete. Auch *Schande* oder sogar *Vorwurf* klingen hier mit. Und im Mittelhochdeutschen wurde *lestern* häufig im Sinne von *beschimpfen* gebraucht.

Beschimpfen? Beschimpft werden kann doch eigentlich nur etwas, das als ein tatsächliches Gegenüber verstanden wird. Wir können eine Sache, eine Verhaltensweise, eine Person oder eine Gruppe von Personen beschimpfen, über die wir uns geärgert haben, die wir auf irgendeine Weise herausfordern oder in ihre Schranken weisen wollen. Wie auch immer, wer beschimpft, der zeigt doch, dass er dem Gegenstand seiner Schmähungen eine große Bedeutung beimisst. Was uns gleichgültig lässt, kann uns auch nicht weiter erregen. Und so kann auch ein religiöses Bekenntnis oder sein Inhalt nur dann wirklich verhöhnt werden, wenn es den Höhnenden in dessen Ruhe stört.

Der Gotteslästerer bringt also in seiner Verachtung seine Verstörung zum Ausdruck. Mag er nun Gott oder denen, die an ihn glauben, mit seinen Äußerungen zeigen wollen, er halte sie für lächerlich, anmaßend oder dumm - stets schwingt in seinen Blasphemien dabei mit, dass er ihrem Gegenstand eine eigene Größe zubilligen muss, der er nicht anders als durch seine Beschimpfungen beizukommen vermag. Es ergibt sich dadurch eine Paradoxie. Denn indem der Lästernde Gott klein machen möchte, bestätigt er erst recht dessen Größe - und das beinahe wirkungsvoller als mancher, der in seiner zudringlichen Frömmigkeit Gottes habhaft zu werden sucht. Indem er über den Glauben seinen Spott ausgießt, erkennt er seine Bedeutung erst recht an. Indem er den religiösen Instanzen mit Hohn begegnet, räumt er ihnen den Status eines ernst zu nehmenden Gegners erst recht ein. Denn was nicht ernst genommen wird, braucht doch gar nicht weiter beachtet zu werden. Der Lästernde hingegen nimmt Gott sehr ernst, er sieht ihn als Macht, der nur mit Gewalt begegnet werden kann, mit beißender Ironie in Worten, Gesten oder Bildern.

Vom Vater des Philosophen Sören Kierkegaard heißt es, er habe einst Gott geflucht und sei darüber schwermütig geworden. Vielleicht war es diese bedrückte häusliche Atmosphäre, die den Sohn auf die theologisch-schriftstellerische Laufbahn gebracht und so zu einem ersten Interpreten der europäischen Krankheit gemacht hat, der *Angst*. Wer will es ausschließen: Womöglich erwächst dem Glauben im Lästernden ein wichtigerer Fürsprecher, als es der durch die Lästerungen getroffene gläubige Mensch zuerst sehen kann? Noch jede primitive Kirchenschändung lässt doch erkennen, dass hier die Ehrfurcht die frevelnde Hand führte, eine Furcht, die gerade anerkennt, was sie zu treffen sucht.

Freilich, niemand möchte, dass über Dinge gespottet wird, die ihm wichtig sind oder gar alles bedeuten. Wir brauchen auch gewiss nicht alles hinzunehmen. Aber mehr als ein möglicher materieller Schaden kann doch im Grunde nicht entstehen. Und der ist ersetzbar. Überdies hat der Lästernde meist nie das Format eines Belsatzar, sondern gelangt über kleine, stichelnde Häme nicht hinaus. Und außerdem ist es doch durchaus denkbar, dass die gewiss richtig beobachtete Zunahme des Phänomens der Gotteslästerung nur ein Hilfeschrei in einem anderen Gewand ist, der Ausdruck einer ins Unermessliche gewachsenen Gottessehnsucht. Kurzum - wir können es uns getrost erlauben, der Blasphemie mit Gelassenheit zu begegnen, mit der größeren Gelassenheit derer, die wissen, dass ihr religiöses Vertrauen nicht durch die Dummheit erschüttert werden kann. Wer angesichts einer Lästerung zu laut aufschreit, ist in seinem Glauben vielleicht unsicherer, als er zugeben kann. Und kann denn im Ernst angetastet werden, was der Glaube doch längst als unzerstörbar erkannt hat?

Die Mystik des Ortes - Eine Annäherung

Es mag sie geben, die Augenblicke der Wahrheit, in denen wir nicht anders können als hinzunehmen, was sich uns als Erkenntnis fordernd und anspruchsvoll in den Weg stellt. Da ist keine Ausflucht mehr möglich, weder nach rechts, noch nach links; es heißt anzuerkennen oder zu verwerfen. Die Zeugnisse der Liebe führen zu solchen Augenblicken, Offenbarungen der Freundschaft oder auch die Zumutungen des Leidens, des Sterbens, des Todes. Anerkennen oder die Augen schließen - ein Drittes gibt es nicht: Augenblicke der Wahrheit.

Ob es auch *Orte* der Wahrheit gibt? Die Geschichte der Religionen weiß davon zu berichten. Seit den Anfängen der Menschheit spielen, soweit wir darüber unterrichtet sind, Wälder, Flüsse, Haine, Höhlen und andere Stätten eine besondere Rolle für unsere Suche nach unserem Ursprung und uns selbst. In der Tradition der Reformation und ihrer Bindung an das gepredigte Wort und in der Gefolgschaft der Aufklärung mit ihrem Misstrauen gegen Empfinden und Gefühl haben wir uns allerdings daran gewöhnt, die Antwort auf die Frage nach Gott nicht mehr an bestimmten Orten zu suchen. Das Gotteserleben ist für uns meist an die Begegnung mit Menschen gebunden, an menschliche Überzeugungskraft und Wahrhaftigkeit oder, in letzter Steigerung, an den Menschen in seinem Leid, dessen Urbild man in Christus erkennt: *„Gott ist ein vertrottelter Geistesgestörter in einem unserer Heime, der seit Jahrzehnten von keinem seiner Angehörigen besucht wurde* (...) *Gott ist ein Geschundener, Gefolterter. Gott ist eine ganze Rasse, die ihrer Hautfarbe wegen niedrig gehalten wird* (...) *Gott ist der arme Lazarus der Dritten Welt neben den Tischen von uns reichen Christen. Das ist Gott. 'Gott in Christus'* (...) *das ist Gott in seinen geringsten Brüdern. Gott ist nicht in den*

Kirchen, Gott liegt vor den Kirchen und um die Kirchen herum (...) *Wir sind umgeben von Gott, wo wir gehen und stehen, vom elenden, geschlagenen. hungernden Gott, der nach mir schreit und ruft"* - so Helmut Gollwitzer in einer eindringlichen und eindrucksvollen Predigt über Matthäus 25, 31-46. Wer wird ihm widersprechen wollen? Trifft sich dieses Credo nicht mit vielen, auch eigenen alltäglichen Erfahrungen?

Daneben gibt es nun doch auch noch das Erlebnis des besonderen Ortes das uns über uns selbst hinausführt. Adalbert Stifter lässt in seiner Novelle *„Bergkristall"* zwei Kinder in der Weihnachtsnacht durch die Gletscherwelt irren. Dort sehen sie sich unvermutet einem Schauspiel gegenüber, das sie bald in sich aufnimmt. *„In der ungeheuren Stille, die herrschte, in der sich kein Schneespitzchen zu rühren schien, hörten die Kinder dreimal das Krachen des Eises. Was das Starrste scheint und doch das Regsamste und Lebendigste ist, der Gletscher, hatte die Töne hervorgebracht. Dreimal hörten sie hinter sich den Schall, der entsetzlich war, als ob die Erde entzweigesprungen wäre, der sich nach allen Richtungen im Eise verbreitete und gleichsam durch die Äderchen des Eises lief. Die Kinder blieben mit offenen Augen sitzen und schauten in die Sterne hinaus. Auch für die Augen begann sich etwas zu entwickeln. Wie die Kinder so saßen, erblühte am Himmel vor ihnen ein bleiches Licht mitten unter den Sternen und spannte einen schwachen Bogen durch dieselben. Es hatte einen grünlichen Schimmer, der sich sachte nach unten zog. Aber der Bogen wurde immer heller und heller, bis sich die Sterne vor ihm zurückzogen und erblassten. Auch in andere Gegenden des Himmels sandte er einen Schein, der schimmergrün sachte und lebendig unter die Sterne floss. Dann standen Garben verschiedenen Lichtes auf der Höhe des Bogens wie Zacken einer Krone und brannten. Es floss helle durch die benachbarten Himmelsgegenden, es sprühte leise und ging in sanftem Zucken durch lange*

Räume. Hatte sich nun der Gewitterstoff des Himmels durch den unerhörten Schneefall so gespannt, dass er in diesen stummen, herrlichen Strömen des Lichtes ausfloss, oder war es eine andere Ursache der unergründlichen Natur? Nach und nach wurde er schwächer und immer schwächer, die Garben erloschen zuerst, bis es allmählich und unmerklich immer geringer wurde und wieder nichts am Himmel war als die tausend und tausend einfachen Sterne."

Wie hier mit dem Nordlicht kündigen sich häufig, die Religionskundler wissen das, *Theophanien*, Gotteserscheinungen an. In der biblischen Überlieferung finden wir solche den Rahmen gewöhnlicher Geschehnisse sprengende Ereignisse etwa bei der Berufung des Mose (2. Mose 3), vor der Verkündung der Gebote am Sinai (2. Mose 19) oder am Horeb des Elia (1.Kön 19). Doch noch in den schlichtesten (und dann gar nicht schlichten) Urlaubserlebnissen am Strand oder in den Bergen ist zu spüren, wie die Begegnung mit Orten uns verwandeln kann. Es tritt etwas an uns heran, das größer ist als wir selbst und einen Anspruch an uns stellt, der nicht aus uns kommen kann. Mag dieser Anspruch vorerst auch noch so wenig fassbar und konkret sein - es ist etwas da, was von uns fordert, dass wir uns in ein Verhältnis zu ihm setzen. Wie bei den Augenblicken der Wahrheit heißt es auch hier entweder Anerkennung oder Verweigerung. Auch hier scheint ein Drittes kaum möglich. Ich bin Mensch - und ich bin abhängig von dieser Macht, die da zu mir kommt; sie zeigt mir meine Kleinheit, meine Machtlosigkeit - aber sie weist mir damit zugleich meinen Platz im Ganzen zu. Meine Halbheiten, die in meinem eigenen, nur ungenügend gemeisterten und häufig auch zerstörerischen Machtstreben wurzeln, sie werden hier auf das Ganze verwiesen - nennen wir es Schöpfung, Natur oder Kosmos. Sonst sind wir es ja gewohnt, unsere Umgebung zu prägen, ihr gleichsam unsere Handschrift einzuschreiben. Schließlich wollen wir es wohnlich haben dort, wo wir uns aufhalten. An den Orten der Wahrheit geschieht aber nun das Geheimnisvolle, dass sich dieses Verhältnis auf einmal umkehrt. Nicht wir prägen, wir werden geprägt. Nicht wir bestimmen, wir werden bestimmt. Das Meer lässt sich nie ganz beherrschen, das Gebirge wird nie ganz bezwungen werden können. Immer bleibt etwas Wildes, Fernes, Ursprüngliches. Aber gerade in ihm ist das Leben.

Orte der Wahrheit. An ihnen beginnen die Dinge zu sprechen. Und vielleicht, wer will es ausschießen, verdichtet sich ihr Sprechen zu dem mächtigen Wort, das wir als das Gottes erkennen. Der Glaube braucht solche Orte, die Religion lebt aus ihnen. Denn dort, zwar nicht nur, aber dort besonders, erfahren wir die Hinführung zum Geheimnis der Welt, dort beginnt der Weg zu ihrem Herzen. Weil sich dieses Geheimnis nicht zwingen lässt, bleiben uns die Orte unverfügbar. Ob sie uns zu Orten der Wahrheit werden, behält sich allein das in ihnen waltende Mysterium vor. Nicht irgendwelche spirituellen Praktiken oder meditative Techniken können die Wahrheit zu unserer, zu der uns erfüllenden machen, sondern allein diese selbst. Freilich, darum ist es möglich, dass die Erfahrungen des Überwältigtseins auch ausbleiben. Wo sie sich aber ankündigen, führen sie bald vor die Frage, ob wir dem Anspruch antworten möchten. Und dort haben dann auch Gebet und Meditation ihren Raum.

Wahrscheinlich hat das griechische Verb *'myein'* Pate gestanden für das Wort *Mystik*. Es bedeutet *'schließen'* - nämlich Augen, Mund und Ohren. Gemeint ist das Schließen der Einfallsöffnungen für alle Ablenkung, für den Aktivismus und jede Form von Geschäftigkeit. Nicht das Machen steht im Mittelpunkt, sondern das Empfangen. Der Mystiker will sich sammeln oder besser: sich in die Sammlung führen lassen, damit er von Gott ergriffen werde. Die Orte der Wahrheit vermögen diese Sammlung vorzubereiten. Allerdings ist dies nur möglich, weil der Sinn, nach dem wir suchen, ihnen selbst eingestiftet ist. Wenn die Welt Schöpfung ist, ist damit auch jeder Ort als ihr Teil vom Mysterium des Schöpfers selbst durchwirkt. Und jeder Ort kann darum zu seiner Anrede an uns werden. In einer bestimmten Auslegung der reformatorischen Tradition galt die Anrede des Menschen eigentlich als ausschließlich an das Wort Gottes, an die Heilige Schrift oder die Predigt gebunden. Doch schon der biblische Befund selbst zeigt, dass hier eine Einengung der ursprünglichen Weite von *'Wort Gottes'* vorgenommen wurde. Denn das griechische *logos*, auf das man sich dabei beruft, steht nicht allein für Wort oder Rede, mithin nicht allein für den Bereich der Sprache, sondern kann übersetzt auch Rechenschaft, Beweggrund, Vernunft oder Sinn bedeuten. Goethe lässt seinen Faust bei seinen Übersetzungsversuchen des Johannesprologs sogar - neben Wort und Sinn - Kraft und Tat als Möglichkeiten erwägen. Der Logos ist eben nicht nur die formulierte Anrede, die wir hören, er ist in einem umfassenden Sinne die Offenbarung selbst, er tut Gott kund. Logos ist Kundgabe Gottes dort, wo sich ein Wissen um letzte Bindung, um das eigene Verdanktsein in der Erfahrung von Sinn einstellt. Dies geschieht auch im und durch das Wort der Sprache. Aber die Erkenntnis 'Gott ist' bleibt nicht an sie gebunden - sie kann vielmehr überall entstehen, wo das, was ist, nicht als in sich selbst begründet oder auch als unsere Hervorbringung, sondern als Verweis über sich selbst hinaus verstanden wird. Die Orte der Wahrheit führen uns sinnen- und sinnverhaftet auf die Spur des Ursprungs der Welt - und damit auf uns.

Eine ortlose Religion ist keine Religion. Wie groß ist die Gefahr, in die sich der predigt- und rationalitätsbetonte sogenannte Protestantismus begeben hat! Ob es sein Zug zur Ortlosigkeit und damit zur gemütsbetonten Privatheit, also auch zur Bürgerlichkeit ist, der so den Zugang zum Gebet, zur Vertiefung und zur Meditation verstellt? Religion lebt nicht aus

Glaubenssätzen oder Predigten allein. Sie mag in ihnen eine ihrer Wurzeln haben. Aber leben kann sie nur, wenn sie Gottes inne wird, also betende Religion ist. Und dieses Innewerden braucht einen Ort. Sein Anspruch bleibt uns freilich unverfügbar. Er kann schweigen, missdeutet oder auch vergessen werden. Darum schafft sich Religion ihre Räume, damit des Anspruchs der Orte immer wieder gedacht werden möge, etwa in Tempeln oder Kirchen. Nur die Suche nach der Wahrheit ist es doch, die Menschen überhaupt in Bewegung setzt, ganz gleich, wo sie nun diese Wahrheit zu finden hoffen. Nicht jeder Tempel und nicht jede Kirche wird die Billigung der religiösen Orthodoxie finden. Aber ist es nicht wichtig, dass überhaupt gesucht, gefragt, gelitten und gebetet wird?

Freiheit in der Gefahr

Das Leben als Prozess, also als eine Bewegung mit einem Anfang und einem Ende - ein Weg. *Weg* wird zu einer unmittelbar zugänglichen Metapher für das Leben des Einzelnen und das Leben von Gemeinschaften. Ein Weg hat einen Beginn und ein Ende. Auch Tiere nehmen Wege auf ihren Wanderungen, denken wir etwa an Wildwechsel oder die Routen der Zugvögel. Ein Weg wird genommen, unter die Füße genommen, man ist auf dem Weg, unterwegs. Einen Weg zu haben ist aktiv, Leben und Weg gehören untrennbar zusammen. Alles Leben in Zeit und Raum ist Bewegung. Wir können sogar sagen: Leben heißt, eine bestimmte Raum-Zeit-Stelle einzunehmen. Was nicht unterwegs ist, steht still, hat keine Zeit mehr und braucht keinen Raum. Ein anderes Wort dafür ist *Tod.* Das Lebendige ist das Sterbliche, das auf den Stillstand des Todes zugeht, wo es Zeit und Raum verlässt. Einen Weg zu nehmen heißt also auch stets, sterblich zu sein. Unsterblich ist nur Gott. Nur der Sterbliche kann überhaupt einen Weg gehen. Welchen Weg? Die Religionen raten: Den Weg des Glaubens, den geistlichen, den der Verinnerlichung, den rechten.

Weg in den Religionen

Im alten *China* bezeichnet *Tao* oder *Dao* den Gang des Alls. *Tao* ist die natürliche Weltordnung, die sich im steten Wechsel der Jahreszeiten, des Werdens und Vergehens zeigt. Das Menschenleben soll mit der kosmischen Ordnung harmonieren, nur dann kann es gelingen. In *Altägypten* wurde der Sonnenweg das Vorbild für den eigenen Lebensweg; folgerichtig ist das Reich der Toten im Westen zu suchen. Der *Hinduismus* spricht von *mārga* als dem Heilsweg und unterscheidet *kārma-mārga* (Weg der Werke), *tantra-*

mārga (Weg der Riten*), jnāna-mārga* (Weg der Erkenntnis), *yoga-mārga* (Weg der leiblich-seelischen Übung) und *bhakti-mārga* (Weg der Gotteslehre). *Buddha* lehrt den *achtfachen Pfad*, der zur Erlösung führt: *rechter Glaube*, *rechtes Sichentschließen*, *rechtes Wort* und *rechte Tat*, *rechtes Leben*, *rechtes Streben*, *rechtes Gedenken* und *rechtes Sichversenken*. Das *Judentum* sieht im Weg den Wandel gemäß den Geboten der *Tora*; den *„Weg der Wahrheit*" (Ps 119, 30) zu gehen heißt, sich an die Gesetze Gottes zu halten. Der Weg des Menschen und der Plan Gottes entsprechen einander nicht (Jes 55, 8f.) und kommen erst beim richtigen Lebenswandel zusammen. Das *Christentum* wird selbst schon früh als *„der neue Weg"* bezeichnet (Apg 9, 2), doch kommt hier eine ganz andere Perspektive in den Blick.

Die Gefahr

Zunächst jedoch: Die Rede vom Weg ist gefährlich. Sie ist es deshalb, weil ihre metaphorische Verständlichkeit eine bloß scheinbare ist. Weg deutet auf etwas Gebahntes, auf die Möglichkeit eines festen Ganges, auf eine gewiesene Richtung, auf Eindeutigkeit. Der Kupferstecher Daniel Chodowiecki (1726-1801) hat in einem berühmten Bild sein Zeitalter der Aufklärung illustrieren wollen: Ein Weg schlängelt sich durch die Landschaft - und auch wenn man sein Ende nicht sieht, es geht voran, der Sonne entgegen, die hinter den Hügeln aufgeht. So möchten wir den Weg sehen: Wer geht, weiß um ein Ziel. Leben heißt nicht bloß unterwegs zu sein, es heißt, auf ein Ziel unterwegs zu sein.

Die Erfahrung lehrt aber nun: Es ist nicht so. Es gibt nicht nur *den* Weg, es gibt viele Arten von Wegen, auch Lebenswegen: Sackgassen, Hohlwege, Holzwege, Einbahnstraßen, Autobahnen, Saumpfade, Wanderwege, Trampelpfade ... Ihre Richtung ist nicht immer zu erkennen. Oft sind sie

Umwege. Es gilt die Feststellung Kierkegaards, die fast einer Warnung gleichkommen kann: *„Das Leben muss vorwärts gelebt, kann aber erst im Rückblick verstanden werden."* Wer heute en vogue sein möchte, ist vielleicht in der Gefahr, dies zu vergessen, wenn er von sich sagt, er sei unterwegs, nein, gefunden habe er noch nicht. Der Weg ist aber nicht per se etwas Gutes, er kann auch sehr gefährlich sein. Lauert das Unbekannte hinter der Biegung? War dort nicht ein Geräusch zu hören? Und wenn es dunkelt, erkennen wir den Weg dann überhaupt noch? *„Wir sind durch Not und Freude/ Gegangen Hand in Hand/ Vom Wandern ruhn wir beide/ Nun überm stillen Land"*, heißt es in Eichendorffs Todeswanderlied zweier Gefährten *Im Abendrot*. Es endet fragend, aber versöhnlich. Der Weg verliert einige seiner Schrecken, wenn wir nicht allein sind. Aber meist sind wir es, denn gehen müssen wir selbst. Unterwegs sein, so sagten wir, heißt sterblich zu sein. Und Sterben ist gefährlich, lebensgefährlich.

Die Freiheit

Und doch ist das Unterwegssein notwendig. Denn die Not des Lebenmüssens kann nur durch das Leben selbst gewendet werden, im Leben selbst, in Zeit und Raum. Jeder Flaneur, jeder Spaziergänger, jeder Wanderer weiß, dass Gehen befreien kann. Es bereitet Mühsal, aber es erleichtert auch. Der Blick weitet sich, der Atem wird freier, wir kommen voran. Ob Unterwegssein nicht vielleicht doch Fortschritt bedeutet? Auch wenn wir nicht erkennen können, ob wir im Gelände voran kommen, so tut schon die Bewegung gut. Wege zu gehen heißt stets, sich entscheiden zu müssen: Wie gehe ich? Wen wähle ich mir als Gefährten? Welchen Weg wähle ich, komme ich an eine Gabelung? Und auch wenn die Wahl des richtigen Weges nicht immer solch dramatische Folgen hat wie für Herkules am Scheideweg (er sollte sich zwischen der Lust und der Tugend entscheiden und wählte die letztere), so wissen wir doch, dass jede

Entscheidung festlegt und der Weg danach anders verlaufen wird. Das ist eine schwere Bürde für unsere Entscheidungen, macht aber zugleich unsere *Freiheit* aus. Freiheit hat ihren Preis, sie ist gefährlich. Sie ist aber auch in der Gefahr stets noch Freiheit. Ich habe Möglichkeiten.

Der Weg

Die Religionen sprechen vom rechten Weg. Christus nennt sich selbst *„den Weg“* (Joh 14, 6). Ein neuer Ton im Chor der Religionen wird hörbar. Die Rede vom Weg, die bis dahin auch gepflegt akademisch geführt werden konnte, spitzt sich zu: Um die konkrete Begegnung mit einer konkreten Person geht es. Wenn Christus zur *Nachfolge* auffordert, dann ist er *Vorbild*, *normatives Leitbild* und auch *Ziel* - aber er will mehr als das, er will Begegnung, Kommunikation, er will *Gemeinschaft*. Der Christusweg will die communio mit mir und Christus. In Christus kommt mir Gott selbst entgegen. Denn auch er ist in Christus unterwegs, hat sich sterblich gemacht, wie ich. Was heißt das für den Weg der geistlichen Übungen, was heißt dies für den geistlichen Pfad? Es kann nur noch heißen: Einübung in *die imitatio Christi*, in die Nachfolge. Einübung in das Sterben und Auferstehen mit Christus. Wege sind gefährlich. Auch und gerade der Christusweg. Möglich nämlich, dass ich ein anderer werde, wenn ich ihn gehe.

„O Wunder! Christus ist die Warheit und das Wort/ Licht/ Leben/ Speiß/ und Tranck/ Pfad/ Pilgram/ Thuer und Ort" (Angelus Silesius).

Zur Dichtung

„Die Ahnung ist die Quelle der Religion."

Jakob Boßhart

Dichtung und Wahrheit

Dichtung und Wahrheit. So überschreibt Goethe seine Autobiographie, deren erster von zwanzig Teilen 1811 erschienen ist. Weniger bekannt ist der Obertitel des Werkes. Vollständig heißt es nämlich *„Aus meinem Leben. Dichtung und Wahrheit".* *„Aus meinem Leben"* hat Goethe auch über die *Italienische Reise* und über seine *Campagne in Frankreich* gesetzt. *„Aus meinem Leben"* verspricht eine Autobiographie, eine Selberlebensbeschreibung, wie Jean Paul seinen eigenen Lebensrückblick genannt hat. Was erwarten wir von Memoiren, von Erinnerungen? Was erwarten wir, wenn jemand sein eigenes Leben zu beschreiben beginnt? Das Leben so, wie es tatsächlich gewesen ist? Das Leben so, wie es hätte geführt werden mögen? Ehrlich oder geschönt, nackt oder verschleiert? Was ist das überhaupt, das eigene Leben – das, was ich selbst geführt habe oder das, was andere in mir erkannten? Ist es das, was ich zu führen gemeint habe oder das, was andere von mir gedacht haben? Und damit kommt der eigentliche Titel ins Spiel, unter dem Goethes Werk bekannt ist. *Dichtung und Wahrheit.* Schreibt Goethe die Wahrheit über sich oder erdichtet er sein Leben? Wir können uns nicht selbst objektivieren, wir können uns nicht von außen sehen. Nun gut. Aber heißt das gleich, dass wir die Wahrheit nie über uns erfahren werden? Und was machen wir mit einem Goethe, der das ganz offensichtlich wusste und mit seinem Titel ironisch darauf hingewiesen hat? Was ist mit dem, der gleich zugibt, nicht die Wahrheit über sich zu sagen? Ist der ein Lügner? Für Goethe war die Dichtung die Deutung der Wirklichkeit. Den zahlreichen Einzelheiten seines Lebens gab er rückblickend einen Zusammenhang. Dichtung, nannte er das, verdichtete erfahrene Wirklichkeit, die gestaltende Zusammenschau der vormals auseinanderstrebenden Erfahrungen. Der Dichter erkennt in ihnen einen, seinen Weg. Eckermann notierte kurz vor Goethes Tod dessen Äußerung: „*Es sind lauter Resultate meines Lebens, und die erzählten einzelnen Fakta dienen bloß, um eine allgemeine Beobachtung, eine höhere Wahrheit zu bestätigen.*“ Der Dichter erkennt also nicht nur den Weg, er scheint ihn eher sogar zu stiften. Die Welt läuft auf ihn zu – ist es der Dichter, der den Sinn gibt? Oder ist er Anwalt einer höheren Wahrheit, der sich die „*Fakta*“ zu fügen haben? „*Was bleibet aber, stiften die Dichter*“ so hatte es Hölderlin gesagt.

Wahrheit wird hier in eine enge Verbindung zur Dichtung gebracht. Die naive Frage, ob es auch so war, verbietet sich. Es war nie so! Wie es war deuten wir stets. Und darum kann an der Geschichte der Deutungen immer auch eine Geschichte der Deutenden, eine Geschichte des Menschseins abgelesen werden, eine Geschichte seiner Wandlungen. Dichtung und Wahrheit – wie viel sagt die Dichtung über uns, wie viel Wahrheit schenkt sie uns, wie viel Welt kann sie zeigen? Große Dichtung sagt, schenkt, zeigt das immer auch, wenn sie die Welt verweigert.

Bislang ging es um die Wahrheit von *Aussagen*. Wie wahr ist das, was der Dichter sagt – oder auch verschweigt? Mit Christus ist ein neues Verständnis von Wahrheit in die Geschichte gekommen. Er verknüpft die Wahrheit mit seiner *Person*. Christus sagt nicht etwas, er verkündigt keine Wahrheiten, sondern stellt den Anspruch auf: Ich bin die Wahrheit (Joh 14, 6)! Bewusst datieren wir seitdem nach Christus und vor Christus. Nebenbei: Es hat mich immer amüsiert, wenn Nichtchristen vor oder nach Beginn unserer Zeitrechnung datiert haben. Denn so machten sie es noch einmal besonders deutlich: Mit Christus kam eine neue Zeitrechnung, seitdem gehen die Uhren anders – auch wenn sie auf die Nennung Christi verzichteten. Was hat sich mit Christus verändert – und zwar nicht mit seinem Kommen zu einer bestimmten Zeit und an einem bestimmten Ort, sondern mit ihm als *Wahrheit in Person?* Mit Christus hat sich das Verhältnis zum *Anderen*, zum Nächsten verändert; mit Christus hat sich das Verhältnis zum *Tod* geändert; mit Christus hat sich das Verhältnis des Menschen zu *sich selbst* geändert. Dem gehe ich nun nach. Drei Dichtern möchte ich mich dafür zuwenden. Der eine ist Gegenstand meiner Liebe, den zweiten verehre ich, dem dritten begegne ich mit Achtung. Drei Dichter, drei Epochen, drei Werke.

Homer oder das Verhältnis zum anderen

Der Überlieferung gilt Homer als ältester Dichter der europäischen Literatur. Er lebte womöglich im 8. Jahrhundert v. Chr. im ionischen Kleinasien. Im 19. Jahrhundert hat man ihn als fiktive Gestalt angesehen. Doch diese 'homerische Frage' ist verstummt und so wird er heute von vielen Forschern wieder als historische Person gesehen. Als seine Geburtsstadt wird oft Smyrna genannt; auch bestanden wohl enge Verbindungen zur Insel Chios. In der Geschichtsschreibung Griechenlands erscheint er als blinder Rhapsode (also als Sänger und Rezitator von Dichtung); von dieser Vorstellung sind auch seine - idealisierten - Porträtbüsten geprägt. Die unter Homers Namen überlieferten Epen *Ilias* und *Odyssee* wurden wahrscheinlich in der 2. Hälfte des 8. Jahrhunderts v. Chr. dichterisch gestaltet.

Achilleus, der Sohn des Königs Peleus und der Meergöttin Thetis, kämpft in der *Ilias* als der Tapferste der Griechen vor Troja. Durch ein Bad im Unterweltsfluss Styx hat ihn seine Mutter unverwundbar gemacht; weil sie ihn dabei an der Ferse festhalten musste, ist er nur dort angreifbar. Erzogen wurde er von dem weisen Kentauren Chiron. Achilleus war mit im Tross des Königs Agamemnon von Griechenland nach Kleinasien gekommen; der König versprach sich viel von seiner heldenhaften Kampfkraft. Doch weil ihm Agamemnon seine schöne Sklavin Briseïs fortgenommen hatte, hielt sich Achilleus verärgert vom Geschehen fern und blieb bei den Schiffen. Der

Kampf um Troja droht für die Griechen verloren zu gehen. Erst als sein Freund Patroklos von Hektor getötet wird, greift Achilleus zu den Waffen. Hektor ist sein eigentlicher Gegenspieler, der Sohn des Königs Priamos und der Hékabe und der Gatte der Andrómache ist der Hauptheld der Trojaner. In der Begegnung von Achilleus und Hektor erreicht die *Ilias* einen Gipfel. Als *„Groll des Achill"* ist der Waffengang der beiden in die Geschichte eingegangen. Hektor tritt vor die Mauern von Troja und läuft Achilleus entgegen. Aus dem 22. Gesang in der ihrerseits klassischen Übersetzung von Johann Heinrich Voß von 1793:

„Hell wie der Stern im Dunkel der Nacht vor allen Gestirnen
Hesperos wandelt, das schönste Gestirn, das leuchtet am Himmel:
Also strahlt der Glanz vom scharfen Speer, den Achilleus
Schwang in der Rechten, auf Böses bedacht für den göttlichen Hektor,
Spähend, wo der edele Leib am besten zu treffen.
Wohl bedeckte den Körper fast ganz die eherne Rüstung,
Die er der Kraft des getöteten Patroklos hatte entrissen.
Nur wo das Schlüsselbein Hals und Schultern begrenzt, an der Gurgel,
Schien er entblößt, an der allergefährlichsten Stelle des Lebens.
Hier durchbohrte den Stürmenden gleich der Speer des Achilleus.
Geradeswegs das zarte Genick durchfuhr ihm die Spitze.
Aber nicht gänzlich zerschnitt das wuchtige Erz ihm die Kehle,
Also, dass er noch einmal mit Worten entgegnen ihm konnte.
Doch er sank in den Staub; da frohlockte der edle Achilleus:
Hektor, wohl hast du gehofft, nach Patroklos' Tod und Entwaffnung
Sicher zu sein und mich, den Entfernten, zu wenig beachtet.
Narr du!, war ich doch selbst als weit überlegener Rächer
Ferne von ihm bei den räumigen Schiffen dahinten geblieben,
Ich, der die Glieder dir löste! Nun sollen dich Vögel und Hunde
Schimpflich zerfleischen, doch ihn die Achaier (=die Griechen) *in Ehren bestatten.*
Kaum noch atmend entgegnete ihm der strahlende Hektor:
Flehend beschwör' ich beim Leben dich hier, bei Knien und Eltern,
Lass' die achaischen Hunde mich nicht bei den Schiffen zerreißen.
Sondern nimm dir Erz und Gold in genügender Menge,
Gaben, welche mein Vater dir gibt und die würdige Mutter.
Meinen Leib aber gib zurück, auf dass in der Heimat
Trojas Männer und Frauen den Toten in Ehren verbrennen.
Finster blickend entgegnete ihm der schnelle Achilleus:
Hund, beschwöre mich nicht bei meinen Knien und Eltern.

Möchten doch Zorn und Wut mich treiben, in Stücke dich reißend,
roh dein Fleisch zu verschlingen dafür, dass du Böses mir tatest (...).
Schon im Sterben erwiderte ihm der strahlende Hektor:
Ach, ich kenne dich wohl und seh' es deutlich, du warest
Nicht zu erweichen; du trägst ein eisernes Herz doch im Busen.
Siehe nur zu, dass nicht für mich die Rache der Götter
Eines Tages dich treffe (...). *Also sprach er,*
und gleich umfing ihn des Todes Verhängnis.
Rasch entflog die Seele den Gliedern, hinunter zum Hades,
Klagend über ihr Los, von Kraft und Jugend geschieden.
Selbst dem Toten entgegnete noch der edle Achilleus:
Stirb! Mein eigenes Los empfang ich dann, wenn es einmal
Zeus zu vollenden beschließt und die andern unsterblichen Götter."

Wir empfinden diesen *„Groll des Achilleus"* als maßlos. Nicht einmal dem gefallenen und sterbenden Gegner gewährt er Milde, sondern verfolgt ihn gleichsam bis an das Ufer des Styx am Eingang des Hades, um ihm seinen Hass nachzuschreien. Achill schleifte den Leichnam um den Grabhügel des Patroklos. Schon damals wurde das Verhalten des Achilleus als blinde Raserei betrachtet. Aber es wurde nicht verurteilt. Raserei, Rausch – war das nicht eine Steigerung des Menschseins? Die Beiworte, die Homer für Achilleus verwendet, sprechen für sich, als edel und schnell wird er bewundert. Und die Götter? Sie schweigen, zwei Gesänge hindurch hören wir nicht, was sie zur Tat des Achilleus sagen. Erst im 24., im Schlussgesang der *Ilias*, heißt es: *„Apollon schützte vor jeder Misshandlung den Leib* (des Hektor), *erfüllt von Erbarmen, selbst um den Toten besorgt."* Kommt hier endlich die Regung ins Spiel, auf die wir schon lange gewartet haben, nämlich selbst dem größten Feinde die Würde nicht rauben zu wollen? *„Das heißt gewiss nicht schön und edel gehandelt!"* sagt Apollon vor den anderen Göttern, mit denen er über die Tat des Achilleus berät. König Priamos bittet Achilleus bis zur Selbsterniedrigung darum, endlich den Leichnam des Sohnes ausgehändigt zu bekommen und bestatten zu dürfen. Schließlich willigt Achilleus ein und sagt zu Priamos:

„So bestimmten die Götter das Los für die kläglichen Menschen,
Immer in Sorgen zu leben; allein sie selber sind sorglos:
Zwei Gefäße sind aufgestellt im Saale Kronions [so wird Zeus hier genannt],
Voll mit Gaben: mit bösen das eine, das andre mit guten.
Wem sie zusammengemischt nun Zeus, der blitzende, sendet,
Dem wird das Böse zuteil und ein andermal Gutes."

Achilleus weiß nicht, warum das so ist. Und wir gewinnen den Eindruck, dass auch die Götter es nicht wissen. Es ist eben so, wie es ist. Gegen die Zahlung eines Lösegeldes darf Priamos endlich den toten Sohn bestatten. Die nachhomerische Dichtung weiß, dass Achilleus dann von Paris getötet wurde, dessen Pfeil, von Apoll gelenkt, seine Ferse durchbohrte.

Nicht der Schmerz hat sich mit Christus gewandelt, nicht die Trauer. Tränen bleiben Tränen. Gewandelt hat sich Gott. Nicht mit einem fernen Beobachter oder einem aufgeregt diskutierenden Olymp haben wir es länger zu tun, sondern (um es griechisch zu sagen) mit einer Gottheit, die für den Menschen selbst eintritt. Durch Christus verändert sich das Verhältnis zum Anderen, weil er selbst an die Stelle des Anderen tritt. Die olympischen Götter waren vor allem darauf bedacht, dass der Mensch in seiner Hybris nicht den Kosmos, die göttliche Weltordnung antastet. Und dazu gehört auch, dass ein Leichnam nicht unbestattet liegen bleiben darf, denn sonst kann er nicht den Weg in die Unterwelt nehmen. Der Mensch hat sich den Göttern zu fügen – und auch diese unterstehen Mächten, dem Schicksal, den Moiren, der Notwendigkeit. Selbst wenn es Spuren von Mitleid in ihren Regungen gibt, bleiben sie immer die Fernen, die Olympier eben. Dass aber Gott selbst als der Nahe unter die Menschen tritt, das ist erst mit Christus gekommen. Die olympischen Götter verkündigen die ewigen Wahrheiten, die Weltgesetze, gegen die der Mensch nicht aufbegehren darf. Der Gott in Christus erhebt den Anspruch, in seiner Person die Wahrheit zu sein. Gesetze kann ich nur hinnehmen, einer Person hingegen kann ich mich hingeben. Darin liegt das Neue des christlichen Glaubens, im Verhältnis zu Gott in Christus und, in der Folge, im Verhältnis zum Anderen, zum Nächsten, in dem ich Christus erkenne.

Shakespeare oder das Verhältnis zum Tod

Mit William Shakespeare (1564 – 1616) befinden wir uns in der christlichen Zeit. Und vielleicht ist sein Werk der Gipfel der neuzeitlichen Dichtung. Auch über seine Person wurde gestritten, wie bei Homer. Es ist und bleibt schier unvorstellbar, dass dieses Gebirgsmassiv von Worten, Versen, Bildern und Gestalten nur von einem Einzelnen (und dann noch einem Bürgersohn aus der Provinz ohne nachweisbare höhere Bildung) geschaffen worden sein soll. Aber der Streit wird wohl ergebnislos bleiben. 38 Dramen werden ihm zugeschrieben, dazu noch 154 Sonette und sechs Versdichtungen. Christliche Zeit, so sagte ich eben. Aber in Shakespeares Werk kündigt sich ein Bruch an. Welttheater hat er geschrieben, aber es ist der Einzelne, der vor dieser Welt steht. Die Welt ist kein vom Weltgesetz durchwalteter Kosmos mehr, kein bergender Raum, wie ihn Homer noch schildern kann. Der Einzelne ist stets in der Gefahr, zum Vereinzelten zu werden, zum Verlorenen. Shakespeares Genialität besteht nun darin, im Einzelnen das Ganze zu spiegeln, ohne die menschlichen Züge ins bloß Typische zu überhöhen. Lear, Macbeth, Timon von Athen – sie sind Ausnahmeerscheinungen, bleiben aber immer Menschen, gesteigerte Individuen. Die Individualität, die Entdeckung der Person, ist gewiss das wichtigste anthropologische Erbe des christlichen Abendlandes. Doch bei Shakespeare zeigt sich, gleichsam seismographisch, wie die Individualität sich überschlägt und in sich verschwindet: Das Individuum legt der Welt sein Maß an. Und daran müssen sowohl das Individuum als auch die Welt zugrundegehen. Der Tod wird zum Ziel. Was wir heute im Übermaß erleiden, nämlich die Egomanie der Einzelnen, deutet sich in Shakespeares Menschen bereits an. 1603/1604 veröffentlichte Shakespeare seinen *Hamlet.* In der Übersetzung August Wilhelm Schlegels lesen wir aus der ersten Szene des dritten Aufzugs: Hamlet, der Sohn der dänischen Königin, erfährt nach seiner Rückkehr aus Wittenberg, dass seine verwitwete Mutter den Bruder ihres Mannes, seinen Onkel, geheiratet hat. Er ist misstrauisch, ob hier nicht ein Mordkomplott die Fäden gezogen hat. Er spielt den Verwirrten, wird von Höflingen beschattet, und gibt einer reisenden Theatergruppe den Auftrag, für den nächsten Tag ein Spiel vorzubereiten, das die Ermordung seines Vaters zum Inhalt haben soll. Kurz vor der Aufführung sinniert Hamlet laut vor sich hin:

„Sein oder Nichtsein, das ist hier die Frage:
Ob's edler im Gemüt, die Pfeil und Schleudern
Des wütenden Geschicks erdulden, oder,
Sich waffnend gegen eine See von Plagen,
Durch Widerstand sie enden. Sterben – schlafen -
Nichts weiter! - und zu wissen, dass ein Schlafen
Das Herzweh und die tausend Stöße endet,
Die unsers Fleisches Erbteil – 's ist ein Ziel,
Aufs innigste zu wünschen. Sterben – schlafen -
Schlafen! Vielleicht auch träumen! Ja, da liegt's:
Was in dem Schlaf für Träume kommen mögen,
Wenn wir den Drang des Ird'schen abgeschüttelt,
Das zwingt uns still zu stehn. Das ist die Rücksicht,
Die Elend lässt zu hohen Jahren kommen.
Denn wer ertrüg' der Zeiten Spott und Geißel,
Des Mächt'gen Druck, des Stolzen Misshandlungen,
Verschmähter Liebe Pein, des Rechtes Aufschub,
Den Übermut der Ämter, und die Schmach,
Die Unwert schweigendem Verdienst erweist,
Wenn er sich selbst in Ruh'stand setzen könnte
mit einer Nadel bloß? Wer trüge Lasten,
und stöhnt' und schwitzte unter Lebensmüh'?
Nur dass die Furcht vor etwas nach dem Tod -
Das unentdeckte Land, von des Bezirk
Kein Wandrer wiederkehrt – den Willen irrt,
Dass wir die Übel, die wir haben, lieber
Ertragen, als zu unbekannten fliehn.
So macht Gewissen Feige aus uns allen;

Der angebornen Farbe der Entschließung
Wird des Gedankens Blässe angekränkelt;
Und Unternehmungen voll Mark und Nachdruck,
Durch diese Rücksicht aus der Bahn gelenkt,
Verlieren so der Handlung Namen."

Diesen Monolog mit Leben zu erfüllen ist eine der großen Aufgaben für Schauspieler. Es gibt heutige Regisseure, die vom Typ des 'Hamletjünglings' sprechen. Sie meinen damit eine gewisse zaudernde spätpubertäre Unentschlossenheit, die eben von *„des Gedankens Blässe angekränkelt"* ist. Doch das Drama stellt nicht bloß die Charakterstudie eines jungen Mannes dar – Hamlets Zögern verdankt sich dem Bruch zwischen Jenseitshoffnung und individueller Todesfurcht, auf den er schaudernd sieht. Wir stehen mit Hamlet an einer der Grenzen der Geistesgeschichte. Was wiegt schwerer – die christliche Verheißung oder der Schauder des Einzelnen? Zweifel hat es immer gegeben, die Geschichte des Glaubens kann auch als eine Geschichte des Zweifels geschrieben werden. Aber hier schwingt sich der zweifelnde Einzelne zum Maß auf: Die tradierte Botschaft hat sich vor mir zu rechtfertigen und nicht umgekehrt! Und damit ist der Höhepunkt eines Selbstbewusstseins erreicht, den wir in den Relikten des christlichen Abendlandes bis heute nicht verlassen konnten. *„Sterben – schlafen - nichts weiter! - und zu wissen, dass ein Schlafen das Herzweh und die tausend Stöße endet"* - Hamlet sucht nach Ruhe, aber es ist seine persönliche, keine himmlische Ruhe! Von einem Gericht, von Rechenschaftslege vor Christus, davon, dass wir *„alle vor dem Richterstuhl Christi dargestellt werden"* (Röm 14, 10), ist keine Rede. Shakespeare zeigt damit, dass er für eine Epoche spricht, die sich von der selbstverständlichen Durchdringung der individuellen Hoffnung mit christlichem Gedankengut bereits einen großen Schritt entfernt hat. Man ist heute geneigt, dies als emanzipativen Fortschritt von kirchlicher Bevormundung zu sehen und verkennt dabei, dass die eigentliche Emanzipation des Individuums in der Entdeckung der Gleichheit aller vor dem endzeitlichen Richter gelegen hat und liegt. Sind wir nicht heute einer Diktatur des Individualismus verfallen? Vor Gott sind wir gleich – von der Schlichtheit dieser Überzeugung haben wir uns weit entfernt. Und auch wenn selbst Päpste im einfachen Holzsarg beigesetzt werden, so zeigt doch der Kult um den prominenten Toten, dass der Tod eben nicht gleich macht. Ob es daran liegt, dass unsere Epoche den transzendenten Bezug auf Gott verloren hat? Wo wir nicht im Jenseits verankert sind, müssen wir das Diesseits ausschmücken – und sei es auf dem Totenbett. Wer nichts mehr glaubt, muss sich selbst feiern. Oder wundert es uns, dass die Begehung privater Gedenktage immer größere Ausmaße annimmt?

„Sterben – schlafen -schlafen! Vielleicht auch träumen!" so sinnt Hamlet vor sich hin. Für diesen Gewinn ist auch der Preis des Freitodes nicht zu hoch. Den Prinzen ficht es nicht an, dass die Kirche es nicht billigt, wenn jemand Hand an sich legt. Doch dann beschleichen ihn die Zweifel: *„Nur dass die Furcht vor etwas nach dem Tod - das unentdeckte Land, von des Bezirk kein Wandrer wiederkehrt – den Willen irrt, dass wir die Übel, die wir haben, lieber ertragen, als zu unbekannten fliehn."* Auch da ist Hamlet weit entfernt vom christlichen Gedanken der Rechenschaftslege, wenn er die Furcht, also wiederum sich selbst, zum Maß der letzten Dinge erklärt. Es sind eben seine letzten Dinge, es ist seine private Eschatologie, der er hier folgen will. Im weiteren Verlauf der Ereignisse im Drama wird er dieser auch folgen.

Die Dichtung fasst bei Shakespeare in Worte, was immer mehr Menschen damals und bei uns zu ihrer Wahrheit erklärten: Der Tod, mein Tod, ist Privatsache. Mit Christus hatte der Glaube zu erkennen gemeint, dass der Tod Gottes Sache ist. Wir, Kinder unserer Zeit, stehen dazwischen. Oder nicht?

Thomas Mann oder das Verhältnis zu sich selbst

Der Bürger. Der Großschriftsteller. Der Norddeutsche. Thomas Mann. Patrizierabkömmling aus Lübeck. Kein Abitur, aber Träger des Literaturnobelpreises von 1929, einer von zehn Preisträgern aus Deutschland. 1875 geboren, 1955 in der Schweiz gestorben. Aus dem Exil, in das ihn die Nationalsozialisten vertrieben hatten, ist er nie mehr heimgekehrt. Seine Werke gehören zum Bildungsschatz der deutschen Dichtung, daran ist nichts zu deuten. Er ist einer der wenigen, deren Anerkennung fraglos ist. Thomas Mann, der Ironiker, der mit feinem Spott auf die Menschen und ihr Treiben schaut.

Aber nun genug des Lobes. Thomas Mann, der Ironiker. Was ist Ironie? Die ironische Redeweise meint das Gegenteil des Geäußerten. Als rhetorisches Mittel kann sie sich von der Anspielung über den spielerischen Spott bis zur Polemik oder sogar zum Sarkasmus steigern. '*eironeia*' ist das griechische Stammwort und heißt übersetzt *„Verstellung, Vorwand"*. Als Vater der philosophischen Ironie gilt Sokrates. Er stellte sich Unwissenden gegenüber, die sich selbst für weise und kenntnisreich hielten, für dumm. Durch seine verwirrenden Fragespiele sollten sie ihre eigene Unwissenheit erkennen und so zur rechten Weisheit angeleitet werden. Und Sokrates selbst? Seine höchste Einsicht bestand darin, dass er selbst nichts wusste: *„Ich weiß, dass ich nichts weiß!"* Er sah nicht den Wissenden in sich, sondern eher die Hebamme, die dem Kind, also der Wahrheit, ans Licht verhilft. Sokrates wird zum Geburtshelfer, zum Diener der Wahrheit.

Die Ironie Thomas Manns nimmt hier eine ganz andere Stellung ein. Vielleicht darf man sogar sagen, dass sie das Gegenteil der sokratischen Bescheidenheit ist. Immer bleibt sie nämlich die Überlegene – über die Situation, über das Gegenüber und über sich selbst. Das will ich an einer der kleinen Erzählungen Thomas Manns zeigen, am zehn Druckseiten umfassenden Prosatext *„Der Weg zum Friedhof“* von 1900. Mann ist erst 25 Jahre alt und schließt gerade *Die Buddenbrooks* ab, das Werk, für das er dann 1929 den Nobelpreis bekommen wird.

„Auf dem Wege zum Friedhof ging nur ein Mann; er ging langsam, gesenkten Hauptes und gestützt auf einen schwarzen Stock. Dieser Mann hieß Piepsam, Lobgott Piepsam und nicht anders. Wir nennen ausdrücklich seinen Namen, weil er sich in der Folge aufs sonderbarste benahm.“ So wird die Hauptfigur der Erzählung eingeführt. Piepsam geht den Weg neben der Chaussee her und bemerkt, dass sich ihm von hinten ein Radfahrer nähert, ein junger Mann, heißt es, *„ein Jüngling, ein unbesorgter Tourist. Ach, mein Gott, er erhob durchaus nicht den Anspruch, zu den großen und Herrlichen dieser Erde gezählt zu werden! Er fuhr eine Maschine von mittlerer Qualität, gleichviel aus welcher Fabrik, ein Rad im Preise von zweihundert Mark, auf gut Glück geraten. Und damit kutschierte er ein wenig über Land, frisch aus der Stadt hinaus, mit blitzenden Pedalen in Gottes freie Natur hinein, hurra!“* Er will an Piepsam vorbeifahren, aber dieser tritt ihm nicht aus dem Weg, denn, so erfährt der junge Radfahrer sogleich: er, Piepsam, werde ihn zur Anzeige bringen. Auf die verwunderte Nachfrage bekommt er zur Antwort: *„Ich werde Sie anzeigen, weil Sie hier fahren, nicht dort draußen auf der Chaussee, sondern hier auf dem Wege zum Friedhof.“* Der Fahrer will sich davon nicht beeindrucken lassen und steigt in die Pedale, doch Piepsam hält ihn fest, er klammert sich an das Rad, bis der jetzt wirklich erboste Besitzer ihn zurückstößt und weiterfährt. *„Da begann Piepsam zu schreien und zu schimpfen – man konnte es ein Gebrüll heißen, es war gar keine menschliche Stimme mehr. 'Sie fahren nicht weiter!' schrie er. 'Sie tun das nicht! Sie fahren dort draußen und nicht auf dem Wege zum Friedhof, hören Sie mich?! ... Sie steigen ab, Sie steigen sofort ab! Oh! Oh! Ich zeige Sie an! Ich*

verklage Sie! Ach, Herr, du mein Gott, wenn du stürztest, wenn du stürzen wolltest, du windige Kanaille, ich würde dich treten, mit dem Stiefel in dein Gesicht treten, du verfluchter Bube ...'" Piepsam tobt und tobt und tobt, eine Menschenmenge sammelt sich um ihn und am Ende wird der außer sich Geratene von einem Sanitätswagen abgeholt. Ein Kleinbürger verliert die Fassung, er sieht, dass die Wegeordnung verletzt wird und reagiert völlig überzogen. Wer kennt nicht solche Typen, denen der Rechtsverstoß zur Apokalypse wird? Das ist alles. Ist das alles?

Sesemi Weichbrodt, Bendix Grünlich, Tobias Mindernickel – Namen bei Thomas Mann, ein Thema, das Germanisten schon zu Studien herausgefordert hat. Kann man jemanden ernst nehmen, der Piepsam heißt, Lobgott noch obendrein? Piepsam, wer heißt schon Piepsam? Nun, mit unseren Nachnamen kommen wir zur Welt. Dafür können wir nichts. Und den Spott muss man tapfer ertragen. Oder aber man wird so benannt, von seinem Schöpfer, vom Erzähler. Dann soll man zum Gegenstand des Spottes werden oder eher des Spöttelns. Und wie der lächerliche Name, so ist auch das Benehmen des Kauzes, lächerlich eben. Ein Trinker, so erfahren wir, einer, der mit nichts zurechtkommt im Leben, dem Frau und Kinder gestorben sind und der, wegen seiner Trinkerei, auch noch die Arbeitsstelle verloren hat. Piepsam *„trank, weil er sich nicht achtete, und er achtete sich weniger und weniger, weil das immer erneute Zuschandenwerden aller guten Vorsätze sein Selbstvertrauen zerfraß. Zu Hause in seinem Kleiderschrank pflegte eine Flasche mit einer giftgelben Flüssigkeit zu stehen, wir nennen aus Vorsicht nicht ihren Namen. Vor diesem Schranke hatte Lobgott Piepsam buchstäblich schon auf den Knieen gelegen und sich die Zunge zerbissen; und dennoch war er schließlich erlegen ... Wir erzählen euch nicht gern solche Dinge; aber sie sind immerhin lehrreich."* Das ist ganz und gar Thomas Mann, wortgewaltig und sprachvirtuos, die Szene taucht sogleich auf vor uns

Lesern. Und der Erzähler sucht stets den Blickkontakt mit uns. Doch was heißt Blickkontakt – ist es nicht eher das einander zublinzelnde Einverständnis, das hier gesucht wird? Wie grotesk Piepsam doch ist, wir stehen direkt hinter ihm und sehen, wie er seinem Alkoholismus erliegt. Er hat nicht nur einen albernen Namen, sondern auch gar keinen Charakter!

Wer so Menschen schildert, der will sie nicht ernst nehmen. Das könnte man ja immerhin noch nachvollziehen: nichts zu ernst nehmen, schon gar nicht die Albernheiten der anderen. Christlich ist es gerade, den Menschen nicht mit seinen Albernheiten gleichzusetzen! Aber Thomas Mann geht noch weiter, ihm ist es nicht um Menschen zu tun, um Individuen, sondern um Typen. Hier in der Erzählung erleben wir das typische Verhalten aller, die Lobgott Piepsam heißen. Es gibt nur einen davon und so erzählen wir dann von diesem. Oder auch von anderen Typen, etwa von dem Radfahrer. Dessen Namen erfahren wir zwar nicht, aber immerhin, dass er daherkam *„wie das Leben"* selbst. Nach Piepsams erster Attacke auf den unberechtigt den Fußweg benutzenden Radfahrer fühlte er, *„dass des Lebens Blick verdutzt auf ihm ruhte." „Ich werde Sie anzeigen." „Sie werden mich anzeigen?"* fragte das Leben. Ein Typus, kein Mensch. Und ihre komische Wirkung gewinnen solche Dialoge gerade durch diesen Stilgriff. *„'Wenn Sie nun noch weiter hier fahren, hier, auf dem Wege zum Friedhof, so werde ich Sie ganz sicher anzeigen', sprach Piepsam mit erhöhter und bebender Stimme. Aber das Leben kümmerte sich jämmerlich wenig darum; es fuhr mit wachsender Geschwindigkeit weiter."* Da haben wir den Höhepunkt erreicht: Das Leben radelt davon, der lächerliche Piepsam bleibt zurück. Auf wessen Seite wir sein wollen versteht sich doch von selbst? Und wieder wirft uns der Erzähler einen seiner gemütlichen Blicke zu.

Wer so Menschen schildert, der will sie nicht ernst nehmen. Und er kann es auch gar nicht, denn er bringt ihnen keine Liebe entgegen. Sie sind ihm Studienobjekt, aber kein Gegenüber. 'Mit den Menschen verhält es sich so', hebt der Erzähler an. Und dann lässt er Typen aufeinandertreffen, Gestalten seiner Phantasie, Beispiele der grotesken Erbärmlichkeit des Menschengeschlechts. Entlarvend in ihrer Komik sind sie, sie stellen sich bloß. Doch sagen sie nicht mehr über den Verfasser und sein Menschenbild aus als über tatsächliche Menschen? 'Mit den Menschen verhält es sich so' – wer so spricht, steht über den Dingen und über den Menschen. Er will sich der Wahrheit öffnen in seinen Schilderungen und ist tatsächlich doch ihr Meister. Und die berühmte Ironie? Bei Sokrates stand sie im Dienst der gemeinsamen Wahrheitsfindung. Er wusste nicht, wohin ihn das Gespräch führen würde. Thomas Mann hingegen behält immer den Überblick; er will keinen Dialog führen, sondern monologisiert. Wer mag, kann ihm zustimmen. Und wenn nicht, dann ficht das den Herrn der Typen und Gestalten auch nicht an. Das Leben radelt dann eben davon.

Wie kann man das nennen, wenn jemand die anderen zur Lächerlichkeit verurteilt, sich selbst aber davon ausnimmt? Es ist dies eine Form von Selbsterlösung. Oder auch Selbstgerechtigkeit. Und entpuppt sich damit, gerade in seiner Gemütlichkeit, seiner augenzwinkernden Behäbigkeit, als die sublimste Form bürgerlicher Religionsferne. Denn wer keinen lieben kann, dem bleibt als letzte Bastion nur noch: er selbst. Und wer sich selbst in den Mittelpunkt seines Universums setzt, der hat keinen Platz für einen anderen Gott neben sich.

Ausblick

Der *Andere*, der *Tod*, *ich selbst* – große Themen. Heute werden das Pathos und das große Thema gern ausgespart. Der Philosoph Odo Marquard empfahl sogar, ganz und gar Abschied davon zu nehmen (*Abschied vom Prinzipiellen*, Stuttgart 1981) und sich entschlossen dem Alltag zuzuwenden. Doch nur wegen ihrer Größe, also ihrer Bedeutsamkeit für uns, sind diese Fragen von persönlichen zu Menschheitsfragen aufgestiegen. Und mag sich die Philosophie ihnen heute entziehen wollen, so können *wir* es doch nur sehr schlecht. Denn sie drängen sich auf! Die Zurückhaltung der neueren Philosophie beruht darauf, dass sie keinen Begriff vom Tod, vom Nächsten, vom Selbst bilden will, da es immer nur meinen Tod, meinen Nächsten und mein Selbst geben kann. Eine Abstraktion ins Allgemeine trifft mich nicht. Aber gerade deswegen bin ich gefordert! Ich muss nach mir fragen – und wenn ich es auch unausdrücklich, allein durch mein Dasein tue! Und als Christ muss ich wissen, was sich verändert hat in der Frage nach mir, wenn ich alles im Licht Christi sehe. Nur so kann ich denken und nur so kann ich die Dichtungen lesen. Und in diesem Licht sehe ich ein fundamental anderes Selbstverhältnis des Menschen. Damit meine ich nicht, dass wir dieses veränderte Selbstverhältnis haben, sondern dass wir es haben *könnten*! Es ist, mit Christus, als unabweisbare Möglichkeit da! Der Andere ist mir nicht länger bloß Gegner, er steht, wie ich, vor Gott. Und kein Gesetz kann diese Gleichheit aufheben. Mein Tod ist nicht mehr nur mein Verenden in einen Schlaf hinüber, sondern ich muss mit der Begegnung mit meinem Schöpfer rechnen. Nicht ich bin der Dreh- und Angelpunkt der Wirklichkeit, sondern ich habe in dieser nach meinem Ort zu fragen. Die Wahrheit, von der der Christ ausgeht, ist eben nicht bloß Ansichtssache, sondern ist die Antwort auf die Frage, die der römische Prokurator Pilatus gestellt hat: *„Was ist Wahrheit?“* (Joh 18, 38). Sie ist seitdem unüberhörbar und unerhört anspruchsvoll da: *„Ich bin der Weg und die Wahrheit und das Leben; niemand kommt zum Vater denn durch mich“* (Joh 14, 6).

„Dich will ich rühmen, Erde“ – Der Dichter Peter Huchel

Karin, der Einen, Einzigen

In Sammlungen mit religiöser Lyrik wird man ihn schwerlich finden. Und dort, wo von christlicher Dichtung - was immer das auch sei - die Rede ist, fällt sein Name schon gar nicht. Dennoch: Peter Huchel war einer der großen, der bedeutenden religiösen Dichter unseres Jahrhunderts. Ich weiß, diese Behauptung wird bei manchem Verwunderung, wenn nicht Protest auslösen. Aber ich tue sie mit Bedacht, soll doch *Religion* hier in ihrer weitesten, ihrer offensten Bedeutung gesehen werden, als Sinn und Geschmack nämlich für das Unendliche. All' ihre konfessorischen, gar alle konfessionellen Spielarten müssen dabei ausgeklammert bleiben, sind sie doch in der steten Gefahr, dem Unendlichen Zaumzeug anlegen zu wollen, es gleichsam endlich, domestiziert zu machen. Religion in ihrem Ursinn und Ursprung ist undomestiziert und undomestizierbar, sie ist die Bereitschaft zur Öffnung für das Heilige, für das Unendliche, das Absolute. Peter Huchel hat diese Bereitschaft, seine Gedichte erweisen das in beinahe jedem Vers, in einem grenzenlosen, in einem beinahe erschreckenden Maße besessen, - auch wenn er selbst gewiss nicht von Religion gesprochen hätte. Der Offene ist zugleich der Verletzliche. Gegen Ende seines Lebens haben ihn dieser sein Sinn und Geschmack für das Unendliche in das Schweigen geführt.

Treue zur Erde

„Dich will ich rühmen, Erde“ (Huchel wird hier nach der Gesamtausgabe zitiert: *Gesammelte Werke* in zwei Bänden, Frankfurt/Main 1984, jeweils mit Band und Seitenzahl; 1, 64) - klingt hier, in diesem Vers aus dem Gedicht *„Sommer*“, nicht ein wenig Nietzsche-Zarathustras Mahnung an: *„Bleibt der Erde treu"*? Huchel ist ihr treu geblieben, genauer: der Erde der Mark

Brandenburg, seiner Heimat. 1903 wurde er bei Berlin geboren *(„ich kam auf die Welt, es regnete still /in der dritten Nacht April“* (1, 170), wuchs aber in der Nähe von Potsdam auf, in Alt-Langerwisch in der Zauch, einem Landstrich am Havelufer: *„Kindheit, O blühende Zauch“* (1, 51). Und dort verbrachte er auch die meiste Zeit seines Lebens. In dieser Landschaft fand er in seiner Jugend ein Reservoir von Bildern und Metaphern, dem er bis in die spätesten Gedichte verhaftet bleiben sollte. Bauernland ist die Mark hier gewesen, ein Land der Knechte und Mägde, der Schäfer, der armen Kossäten und Feldarbeiter, aber auch das Tor zum Osten, zur Welt der Sorben, der Ziegelstreicher, der polnischen Erntehelfer und durchziehenden Zigeuner. *„Wendische Heide, weißes Feuer,/ du Bütte Gold und Mittagsspuk,/ die Grille huschte, schrillte scheuer/ am Stein, der keinen Schatten trug.// Uralter Hirt, dein Volk zu hüten,/ gingst du im Staub der Herde nach,/ die lautlos zog, wo Wacken glühten/ im öden Halmfeld heiß und brach.“* In diesen Versen klingt all das an, was Huchels Bild der Welt ausmacht: die Landschaft und ihre Elemente, hier Heide, Grille und Stein. Sie beginnen von sich aus zu sprechen, sind für sich mit Sinn erfüllt. Der Sinn liegt in den Dingen, er muss ihnen nicht beigelegt werden. Und inmitten der Landschaft, als ihr selbstverständlicher Teil, der Hirte. Nur scheinbar ist er ein bloßes Requisit einer neoromantischen Szenerie; in Wahrheit ist er zum Hüter der Landschaft bestellt, zu ihrem Priester. Vielleicht ein Bild des Dichters selbst? *„Verstreutes Volk in großer Helle,/ erscholl nicht geisterhaft Gesang?/ umklirrt von leiser Widderschelle/ stand einsam dort der Hirt am Hang.“* (1, 50f.). Der Mensch: Hirte, Hüter des Seienden, womöglich gar sein Schlüssel? Huchel wird meist unter die Naturlyriker eingeordnet. Das ist recht wohlfeil. Dabei wusste er genau um die Bedrohung der Natur und auch um ihre Bedrohlichkeit, die *„Natur war für mich nicht mehr die heile, die absolute Natur, Natur ist für mich etwas sehr Grausames (...). Die Natur war für mich Fressen und Gefressenwerden"* (in einem Gespräch 1974; 2, 393). Huchel sah auch die

Natur in dem umfassenderen Zusammenhang der Landschaft - und zwar der Landschaft als dem Raum des Lebens, in dem Menschen, Tiere, Pflanzen, Steine, Wasser, Sterne, also Himmel und Erde zusammenkommen. Es wird zu einer fundamentalen humanen Aufgabe, die Zeichen des Lebens, die diesen Raum sinnvoll und sinnenhaft durchweben, auf die rechte Weise zu deuten. *„Wie eine schnelle Töpferscheibe/ dreht sich am Boden flach der Wind,/ auf dem ein Blätterwirbel steht:/ ein Napf aus Laub und andre Zeichen,/ als liefen geisterhafte Füße/ hell übers heiße Blumenbeet*" (1, 93).

Europa Neunzehnhunderttraurig

Huchel wurde früh in die politischen Wirren der Weimarer Zeit hineingezogen. Er nahm 1920 am Kapp-Putsch teil, wurde verwundet und lag im Potsdamer Krankenhaus mit Arbeitern zusammen, die ihn für die Ideen des Sozialismus zu gewinnen suchten. Von da an, sagte er von sich selbst, *„war ich vollkommen rot“* (2, 371). Die Äußerung muss unter Vorbehalt verstanden werden, denn Sozialist war Huchel nie, zumindest nicht im Sinne des Sozialismus‘ der Kommunistischen Parteien: *„Ich kehrte durch das Gestrüpp marxistisch erhobener Zeigefinger immer wieder, oft mit schlechtem Gewissen, zu Augustinus zurück: ...* im großen Hof meines Gedächtnisses. Daselbst sind mir Himmel, Erde und Meer gegenwärtig ...' *Vielleicht nur deswegen, weil für mich der große Hof meines Gedächtnisses das alte Gehöft in Langerwisch war. Horaz schrieb in einer Epistel*: ‚Natur magst du austreiben mit der Heugabel. Natur kehrt beharrlich zurück; unmerklich, unwiderstehlich dringt sie durch die Sperren der leidigen Blasiertheit‘" - zitierte und sagte Huchel in einer Dankrede anlässlich einer Preisverleihung 1974). Die Natur, die Landschaft, sie waren sein Lebensgrund, nicht die *„Arche der Partei*“ (2, 218) oder einer anderen Institution. Und nur auf diesem Lebensgrund konnte er sich das entfaltet vorstellen, was ihm Gerechtigkeit, auch in ihrem sozialen Sinne, bedeutete: *„Gras, Vogel, Lamm und Netz und*

Hecht,/ Gott gab es uns zu Lehn./ Die Erde aufgeteilt gerecht, /wir hättens gern gesehn" (1, 67). Nach dem Abitur studierte er Philosophie und Literatur in Berlin, veröffentlichte 1924 erste Gedichte (zu schreiben begonnen hatte er mit fünfzehn, einer der vielen begabten, vergrübelten und belesenen Jugendlichen dieser Zeit, denen Rilke und Trakl die ersten Worte, den ersten Versklang liehen) und ging dann zum Studium erst nach Freiburg und anschließend nach Wien. Eine unstillbare Sehnsucht muss ihn in dieser Zeit ergriffen haben: Weltenhunger, Sternendrang - er reiste in den kommenden Jahren viel und weit, Frankreich, Ungarn, Rumänien, die Türkei. Flucht aus der Zeit? Am Ende findet er doch immer nur sich selbst, und er weiß: *„Das Leben ist ohne Notausgang."* Denn das *„europäische Gesicht hat überall die eine Müdigkeit für den, der zwischenzeitig geboren ist und im Jahre neunzehnhunderttraurig. Er ist schon zu spät auf die Welt gekommen: er wird nie zur Zeit kommen"* - so der Dichter 1931 über sich selbst (2, 217). Seinen Lebensunterhalt verdiente er derweil durch journalistische und übersetzerische Gelegenheitsarbeiten und, auf einem französischen Bauernhof, als Knecht. 1933 sollte sein erster Gedichtband erscheinen, doch zog Huchel die Veröffentlichung zurück, als er merkte, wie gern die NS-Kultusbürokratie seine Lyrik ideologisch vereinnahmt hätte. Bis er dann 1941 als Soldat einer Flak-Einheit eingezogen wurde, arbeitete er für den noch jungen Rundfunk. Es entstanden etwa 35 Hörspiele, von denen etliche als verschollen gelten müssen. *„Zwölf Nächte"* (1, 94f.; Huchel überträgt diese Metapher aus seinem bereits 1938 entstandenen Gedicht im Rückblick auf die vergangene nationalsozialistische Zeit: *„Du findest nur den Schmerz der Zeit,/ die Erde feucht von Blut./ Und unterm Schutt, zum Biß bereit,/ der Schlangen nackte Brut.// Zertritt ihr Haupt und scheu den Biß./ Horch in den Wind, bleib stumm./ Noch herrscht der Glanz der Finsternis,/ noch geht der Würger um.// Doch nicht erstickt der Nacht Gewalt/der Seele stilles Licht./ Weht auch der Hauch der Asche kalt,/ die Finsternis zerbricht"*) waren die

Jahre des Dritten Reiches für Huchel, eine Zeit des Verrates und des Triumphes des Bösen (symbolisiert in der Elster, dem Vogel, der, nach einer Legende, nur sein keckerndes Lachen ertönen ließ, als alle andere Kreatur über den Tod Jesu am Kreuz klagte), zwölf Jahre, die überstanden werden mussten. *„Die Elster flattert schwarz und weiß/ im schattenlosen Wind./ Zerfetzte Kiefern knarren im Eis,/ das Land liegt maulwurfsblind."*

Des Todes Säbelkorb

Huchel und der Krieg - ein eigenes Kapitel. Geäußert hat er sich fast nur in seinen Gedichten, in Bildern, die unauslöschlich in sein Gedächtnis eingebrannt worden sein müssen: *„Auf der Brache/ erdige Klumpen,/ Tote in harschigen Mänteln./ In Fußlappen einer,/ er starrte/ durch blutverkrustete Finger/ das Eisengerippe der Schranke an*" (1, 194). Huchels große erschütternde Metaphern kommen in den Sinn: *„Tote/ Über die Gleise geschleudert,/ Den erstickten Schrei/ Wie einen Stein am Gaumen"* (1, 141); *„Ich sah des Krieges Ruhm./ Als wärs des Todes Säbelkorb,/ durchklirrt von Schnee, am Straßenrand/ lag eines Pferds Gerippe./ Nur eine Krähe scharrte dort im Schnee nach Aas,/ wo Wind die Knochen nagte, Rost das Eisen fraß"* (1, 100). Die bloße Beschreibung wird Anklage, trägt die Deutung in sich - oder, noch genauer: Beschreibung ist Deutung!

Huchel ließ sich von der Armut jenseits aller Ideologien anrühren; die Gesellschaftsanalyse war seine Sache nicht. Denn auch dort, wo er in seinen Gedichten historisch konkreter wurde, erwies er sich als ein Unpolitischer, dem es zuerst um den Menschen in seiner Versehrtheit *(„Ihr, die ihr übrigbleibt im Hungerhemd,/ in einer Stadt voll rotem Rauch"*, 1, 43) ging. In seinem Stalingradgedicht *„Dezember 1942*" verknüpfte er das Geschehen im Kessel mit dem biblischen Weihnachtsevangelium: *„Wie Wintergewitter ein rollender Hall./ Zerschossen die Lehmwand von Bethlehems Stall.// Es liegt*

Maria erschlagen vorm Tor,/ Ihr blutig Haar an die Steine fror.// Drei Landser ziehen vermummt vorbei./ Nicht brennt ihr Ohr von des Kindes Schrei" (1, 144). Die Ordnung der Welt ist ins Wanken geraten, durch den Menschen, der es sich anmaßte, sie durch seine eigene Ordnung ersetzen zu wollen. Die Ordnung des Menschen atmet Tod. Das zu erkennen wird für Huchel nur durch das Bild, nur durch den Mythos möglich. Sein Widerstand gegen die Zeit findet in der Dichtung statt, nicht im Handeln - nein, zum Marxisten, zum Welterklärer oder gar -veränderer taugte er nicht. Er wollte sich seinen Blick vielmehr freihalten für das Geschehen im Geschehen, für den Mythos in der Erscheinung. Und was hier geschah, nahm für ihn die Züge einer Gottesverfinsterung an: Gott, der Sinn, das Absolute, sie entziehen sich dem Menschen. Huchel suchte die Gottesverfinsterung in der Metapher der Nacht zu fassen: *„Zerschneiden wird die Nacht/ Die Sehnen des Ruhms,/ Erdrosseln das Gelächter,/ Den Raub aus kalten Händen graben"* (1, 149). - Nicht nur der Dichter stellt die bange Frage, was dereinst nach dem metaphysischen Drama zurückbleiben würde: *„Es war ein Land mit hundert Brunnen./ Nehmt für zwei Wochen Wasser mit./ Der Weg ist leer, der Baum verbrannt./ Die Öde saugt den Atem aus"* (1, 152). Konnte er womöglich in der Gründung der DDR ein Hoffnungszeichen erkennen?

Einsame Söhne, hütet das Licht

Nach Entlassung aus sowjetischer Kriegsgefangenschaft wurde Huchel beauftragt, eine Hörspielabteilung für den Rundfunk des sowjetischen Teils von Berlin einzurichten. Bis 1949 arbeitete er dort, erst als Sendeleiter und dann als künstlerischer Direktor. Ein Jahr zuvor war sein erstes Buch erschienen. Es trug den schlichten Titel *Gedichte*. Der Präsident des *Kulturbundes zur demokratischen Erneuerung Deutschlands*, der weiland als expressionistischer Dichter bekannte und spätere DDR-Kulturminister Johannes R. Becher (1891 - 1958), machte ihn zum Chefredakteur von *Sinn und Form*. Diese neugegründete Literaturzeitung war ursprünglich als intellektuelles Aushängeschild der jungen DDR geplant. Unter Huchels Aegide wurde sie jedoch zu einer Insel jenseits der ideologischen Spaltung Deutschlands. Mochte zwischen den Machtblöcken der Kalte Krieg toben - Huchels *Sinn und Form* bewahrte den Glauben an die eine, an die unteilbare Kulturnation deutscher Sprache. Aber um welchen Preis! *„Späteste Söhne, rühmet euch nicht./ Einsame Söhne, hütet das Licht./ Daß es von euch in Zeiten noch heißt,/ daß nicht klirret die Kette, die gleißt,/ leise umschmiedet, Söhne, den Geist"* (1, 98). So Huchel 1933, damals freilich in wohlweislich unveröffentlicht gebliebenen Versen. Seine Mahnung besaß auch noch in der DDR-Spießerdiktatur für die eigene Person Gültigkeit. Die zaghafte, wenn auch unpolitische Bejahung des SED-Staates muss recht bald schon in Enttäuschung umgeschlagen sein. Er entzog sich innerlich zunehmend dem ideologischen Zugriff der Machthaber, die das auch an seiner Weise der Redaktionsführung rasch merkten. Bis zu seinem Tod 1956 hatte Bertolt Brecht ihn noch schützen können. Danach arbeitete Huchel im nahezu luftleeren Raum. Im Rückblick erscheint es allerdings unglaublich, dass er *Sinn und Form*, dieses durch seine nonchalante ideologische Unangepasstheit herausragende Fanal, immerhin bis 1962 leiten und redigieren konnte. Erst dann gelang es seinen Gegnern in der DDR, ihm den Stift aus der Hand zu schlagen. Äußerer Anlass war die Annahme des West-Berliner Fontane-Preises.

Huchels Westkontakte, die Mitarbeit von Autoren bei *Sinn und Form*, die nicht als Sozialisten im Sinne der SED-Doktrin galten (neben den in der DDR anerkannten Brecht oder Arnold Zweig veröffentliche Huchel Essays von Benjamin, Adorno, Horkheimer, Lukacs, Herbert Marcuse, Bloch, Hans Mayer oder Ernst Fischer), vor allem aber seine immer spürbarer werdende innere Emigration ließen ihn allmählich zur persona non grata werden. Es begann für ihn, seine zweite Frau und ihren Sohn, eine achtjährige Zeit der Isolation und Überwachung. Der Dichter und Essayist Durs Grünbaum, selbst ein Kind des SED-Staates, hat den Fall Huchel contra DDR mit den knappen Worten abgefertigt: *„Was immer dereinst noch zum Lob jener schmächtigen Republik vorgebracht wird, es ist wertlos, hält man den Fall Huchel dagegen*" (*„Der verschwundene Dichter*", in: Peter Huchel: Leben und Werk in Texten und Bildern, Frankfurt/Main 1996, S. 182). Huchel bekam keine Post mehr nach Wilhelmshorst, sein Telephon wurde abgehört, heimlich wurden Photographien von ihm und seinen Besuchern gemacht und sein Nachbar bespitzelte ihn im Auftrag des Staatssicherheitsdienstes: *„Was fällt für ihn ab, schreibt er die Fahndung/ ins blaue Oktavheft, die Autonummern meiner Freunde,/ die leicht verwundbare Straße belauernd"* (1, 222). Die DDR schlug unbarmherzig zu - in jener Kleinlichkeit und bürokratischen Effizienz, die dem Sozialismus-Experiment auf deutschem Boden eigen gewesen ist. Huchel vereinsamte. *„Am Abend nahen die Freunde,/ Schatten der Hügel./ Sie treten langsam über die Schwelle,/ verdunkeln das Salz,/ .verdunkeln das Brot/ und führen Gespräche mit meinem Schweigen*" (1, 178). Westbesucher gelangten kaum noch zu ihm, Bekannte und Freunde aus der DDR, die für Besuche mutig genug waren, hatten mit Repressalien zu rechnen. So mancher hatte ihn und seine Familie aufgegeben *(„Die Leute sagen im Ort:/ Drei Kieselsteine,/ vor eine Straßenwalze/ geworfen";* 1, 219), ihm selbst war der weitere Weg verborgen *(„Ich bette mich ein/ in die eisige Mulde meiner Jahre")*. Wie war das für Huchel und die Seinen (der Sohn Stephan wurde in der Schule von Lehrern beleidigt und man versagte ihm den Studienwunsch) zu ertragen? *„Aufblickend vom Hauklotz/ im warmen Regen des April,/ seh ich an den blanken/ Kastanienästen/ die leimigen Hüllen/ der Knospen glänzen"* (1, 217). Hoffnung? Eines der großen, der missbrauchten Worte. Kann Natur Hoffnung spenden? Immerhin gibt sie das Gleichmaß in der reißenden Zeitflut vor. Ob Huchel dafür immer einen Blick haben konnte?

Und es bleibt auch die stete, die bange Frage, ob Erlösung sei, wo nur vegetatives Wachstum, wo der Reigen der Jahreszeiten herrscht. Kann das Leben von der Geschichte, von der Schuld befreien? Im Westen erschienen 1963 der Gedichtband *Chausseen Chausseen* und 1967, unter dem Titel *Die Sternenreuse*, der Wiederabdruck älterer Arbeiten. Auch diese Veröffentlichungen verschlechterten Huchels Lage. Es ist dann zuletzt wohl Bemühungen Heinrich Bölls zu verdanken gewesen, dass die Familie Huchel, nach einer Intervention des internationalen PEN-Zentrums, im April 1971 die DDR verlassen konnte. Zunächst Rom, dann Reisen nach Belgien, nach England, Holland, Italien, Norwegen, Österreich und in die Schweiz: Nachholbedürfnis eines aus dem Kerker Befreiten. 1972 zog Huchel nach Staufen im Breisgau, ein Mäzen hatte ihm ein Haus zur Verfügung gestellt. Nachbar war Erhart Kästner, der große kulturkritische Schriftsteller. Im selben Jahr kam der Gedichtband *Gezählte Tage* heraus, sieben Jahre später *Die neunte Stunde*. Die große Freiheit begann trotzdem nicht mehr. Huchel war am Ende seiner Kräfte. Er starb am 30. April 1981 in Staufen, nach langer Krankheit. Die Einsamkeit seiner Patmosjahre begleitete ihn bis zum Ende, wie im letzten veröffentlichten Gedicht: *„Der Fremde geht davon/ und hat den Stempel/ aus Regen und Moos/ noch rasch der Mauer aufgedrückt./ Eine Haselnuß im Geröll/ blickt ihm mit weißem Auge nach.// Jahreszeiten, Mißgeschicke, Nekrologe -/ unbekümmert geht der Fremde davon*“ (1, 258).

Zum Schluss wollte Huchel nicht mehr viel sagen, vielleicht konnte er es auch nicht. Das Schweigen nahm ihn auf. Wer will es besser wissen: Womöglich ist ja das Schweigen die rechte, die einzige Weise, in der wir das Wort bewahren können? *„Das letzte Wort/ blieb ungesagt,/ es schwamm auf dem Rücken der Biber fort/ Keiner weiß das Geheimnis“* (1, 257).

Um mir ein Wort zu fischen

Erste Begegnungen: Peter Huchel, der Lesebuchautor. Was wir in der Schule lasen von den vielleicht dreihundert veröffentlichten Gedichten, ich kann es nicht mehr sagen. Aus dem Unterricht blieb jedenfalls nichts oder nur weniges haften, wie so oft. Daheim aber, beim Stöbern im elterlichen Bücherschrank, fanden sich in einer Gedichtsammlung Verse wie diese: *„Baumkahler Hügel,/ Noch einmal flog/ Am Abend die Wildentenkette/ Durch wäßrige Herbstluft.// War es das Zeichen?/ Mit falben Lanzen/ Durchbohrte der See/ Den ruhlosen Nebel*" (1, 113). Was geschah hier? Etwas Ungeheures: Die Natur, ihre Pflanzen und Tiere, die doch kaum einen der Gleichaltrigen interessierten, dem Pubertierenden auf seinen einsamen Gängen aber näher waren als nur irgendein Mensch, sie wurden erkannt als das, was sich bisher nur vage ahnen ließ: als Boten, als Zeichen, als Abgesandte einer größeren Ordnung. Ein *„Duft von Meer und Algen*" und *„das weiße Wasser der Felsen/ Trug den Himmel*" (1, 119), ja hier schimmerte durch, was sich den Blicken der Allzuvielen gar nicht erst zeigen mochte: Die Erde (und das war die eigene, die Lebenswelt) berührte den Himmel, sie stützte ihn sogar, ich, ich selbst wurde zum Himmelsträger, zum Teil des Ganzen. Heiligung der Erde: *„Agaven heben die Lanzen/ Drücken den Essigschwamm/ An den dürstenden Mund des Himmels"* (1, 120). Der Mensch, so sagte es Huchel über die eigene Dichtung, trägt bei ihm häufig *„die Züge der Natur, und die Natur nimmt das Gesicht des Menschen an*" (2, 248) - ein wechselseitiges Sicherkennen im anderen. Im Spiegel der Natur, der Landschaft sieht der Mensch sein eigenes Gesicht, während die Natur, die Landschaft im Menschen die Augen aufschlägt. Diese Kosmosfrömmigkeit hatte etwas Erregendes und ließ den Lesehunger nicht mehr zur Ruhe kommen. Ordnung - ist die Pubertät, ist ein Menschenleben überhaupt denn etwas anderes als eine Suche nach Ordnung? Die Suche nach dieser einen Ordnung lässt sich durch Huchels gesamtes Werk verfolgen, etwa in den schon um 1925 entstanden Versen *„Kindheit in Alt-Langerwiesch“*: *„Seufzte am Maul der Kühe das Heu,/ Gott, wie schliefen im Schlafe wir treu,/ nachts im strohwarmen Bette.// Und die Träume flogen wie Spreu,/ warfen ins Haar die duftende Klette“* (1, 52). Das Kind ist in seiner kleinen dörflichen Welt geborgen, in der sich der Kosmos spiegelt. Kosmos: das griechische Wort steht für das Ganze, für die Weltordnung. Im Kleinen wird das Große erkennbar, ja es wird nur hier erkennbar, eine Einsicht, an der noch der alte Huchel 1976 festhält: *„das Universum/ zog in den Duft der Rose ein“* (1, 249). Es ist Heimat über der Heimat: *„Wie eine große Muschel/ rauscht der Himmel nachts./ Sein Rauschen ruft mich heim“* (1, 54). Die Landschaft, Gottes grünes Kleid, sie birgt den Menschen. Aber sie will gelesen werden, sonst bleibt sie uns stumm und erweist sich nicht als Ordnung, sondern als *„Schneenarben an den Felsen,/ Wegzeichen wohin? Schriftzeichen,/ nicht zu entziffern“* (1, 258). Dichtung wird hier zur Suche nach den verlorenen Schlüsseln, ein stilles, ein den Dingen zugewandtes Tun. Dichtung und Religion, hier treffen sie sich, schieben sich übereinander. Wer will entscheiden, wo das eine endet und das andere beginnt? *„Könnte ich stürzen/ heller hinab/ ins fließende Dunkel// um mir ein Wort zu fischen,// wie diese Wasseramsel/ durch Erlenzweige,/ die ihre Nahrung// vom steinigen Grund des Flusses holt.// Goldwäscher, Fischer,/ stellt eure Geräte fort./ Der scheue Vogel/ will seine Arbeit lautlos verrichten“* (1, 186 f.).

O Jesu, was bist du lang ausgeblieben

Biblische und auch im engeren Sinne christliche Motive tauchen in Huchels Werk durchgängig auf. In allen Phasen seiner Dichtung gibt es dazu Verse, ausdrücklich oder auch in metaphorischer Andeutung. *„Der Kinderkreuzzug“* (1, 27f.), *„Die heilige Familie“* (1, 33), *„Pfingsten“* (1, 34f.), *„Die Hirtenstrophe“* (1, 66), *„Weihnachtslied“* (1, 67), *„Bericht des Pfarrers beim Untergang seiner Gemeinde“* (1, 142), *„Dezember 1942“* (1, 144), *„Am Jordan“* (1, 201) oder

„Die neunte Stunde“ (1, 241) sind hier zu nennen, auch der Prosatext aus dem Jahr 1931 *„Von den armen Kindern im Weihnachtsschnee*“ (2, 229ff.) gehört in diese Aufzählung. *„O Jesu, was bist du lang ausgewesen,/ o Jesu Christ!/ Die sich den Pfennig im Schnee auflesen,/ sie wissen nicht mehr, wo du bist./ Sie schreien, was hast du sie ganz vergessen,/ sie schreien nach dir, O Jesu Christ!/ Ach kann denn dein Blut, ach, kann es ermessen,/ was alles salzig und bitter ist?“* (1, 67) - im Brecht-Ton wird hier in liedhaften Versen die Armut besungen, eine heilige Armut beinahe, die den Himmel aufreißen möchte und im Hunger nach Nahrung den Hunger nach Leben erkennen will, Solche Mystik der Bedürftigkeit erweist einmal mehr, dass der Mensch, und nicht nur der äußerlich darbende, eine Heimat braucht. Auch die Seele kann hungern. Die Armen in Huchels Gedichten sehnen sich hinaus (*„Arm in meiner Kammer lebend/ und ein Knecht, der bitter front,/ manchmal aber, sichelschwebend,/ wär ich gerne nachts der Mond*“; 1, 92), es sind die Handlanger und besitzlosen Gutsarbeiter (*„Hier ruhn, die für das Gut eins mähten,/ die sich mit Weib und Kind geplagt,/ landlose Schnitter und Kossäten./ Im öden Schatten hockt die Magd*“; 1, 69), die Vertriebenen (*„Der Vertriebene*“, 1, 107 f.), die lebenden und die toten Bewohner eines Pariser Friedhofs, die bald vergessen sein werden: *„Weißhaarige Alte, die an der Ecke/ wie eine Straßenheilige stand,/ über den Schultern die löchrige Decke,/ bettelnd gekrümmt die gichtige Hand,/ mußt du auch hier ein Obdach suchen?*“ (1, 75). Bleibt Gott aus? Oder ist er denen bereits nah, die so fragen: *„Die Trän' der Welt, den Herbst von Müttern,/ spürst du das noch, o Jesukind?/ Und wie sie alle im Hungerhemd zittern/ und krippennackt und elend sind!“* (1, 68f.). Das ist keine rhetorische Frage. Huchel erzählt auch nicht, er beschreibt vielmehr, und in der Beschreibung ruft er beschwörend herbei. Das alte Wort *Ahndung* oder, in seiner neueren Form *Ahnung* bietet sich hier zum Verständnis an. Ursprünglich hieß es nicht, aktiver, ich *ahne* oder *ahnde*, sondern passiver: *Mir* oder *mich ahndet*, also: Mir tritt etwas

entgegen, mich tritt etwas an, etwas kommt herbei. *Anegang*, so wurde das Omen, das Vorzeichen im Mittelhochdeutschen genannt, das also, auf was es zu achten galt, wenn eine Reise oder Verrichtung bevorstand. Nicht wir legen den Sinn in die Dinge hinein, bedeutet das, sondern wir erfahren Sinn, indem wir die Zeichen recht zu deuten lernen, indem wir den Sinn erahnen, der uns angeht, also an uns herankommt. Der Dichter wird zum Spurensucher, der nach den Meteoriten der Transzendenz Ausschau hält. *„Schräg in die Erde/ Geht der Mönch/ Und deutet die Zeichen,/ Geritzt in die Wand*" (1, 126). *„Wer schrieb/ Die warnende Schrift,/ Kaum zu entziffern?/ Ich fand sie am Pfahl, dicht hinter dem See./ War es das Zeichen?*" (1, 114). *Vestigia trinitatis*, Spuren der Trinität, so nannte Augustinus die in der Natur als Schöpfung verborgene, aber vom verstehenden Blick zu erfassende sinnenhafte Ordnung; im Zeitlichen bildet sich das Ewige ab. Es ist kein Zufall, dass Augustinus einer der Gewährsleute für Huchels Weltsicht wurde. Huchel nennt ihn des Öfteren, gleich neben den Mystikern; vor allem Pascal, Müntzer, alte Chinesen, Meister Eckhart und Jakob Böhme hat er in den zwanziger Jahren gründlich studiert. *„Das Feuer,/ das in der Einöde brannte,/ stieg in die Höhe,/ das Wasser strömte der Tiefe zu./ Die Spuren der Herde führten zur Tränke./ Der Hügel trug den Himmel/ auf steinigem Nacken*" (1, 202), heißt es in den Böhmes Gesichten gewidmeten Versen. Wiederum: Der Himmel braucht die Erde, das Jenseits ist auf das Diesseits angewiesen, um sich in ihm zu erkennen und so erst überhaupt zu sich kommen zu können. Die *Ahndung* des Dichters zeigt, wie sich Oben und Unten verschränken. Das Ganze ist erst, wenn das Oben sich vom Unten berühren lässt, da nämlich, wo *„das Gleichgewicht von Himmel und Erde"* (1, 230) nicht zerstört wird. Freilich widersprechen solche Gedanken jeglicher Orthodoxie, der der Kirchen ebenso wie der der aufgeklärten Vernünftigkeit. Huchel hat das gewusst. *„Ich gehöre keiner Kirche an, bin aber im Grunde genommen gläubig - immer im Widerstand gegen die Hofkirche: Ich glaube nicht an die*

Auferstehung des Fleisches, doch an eine höhere Ordnung" (2, 370), sagte er in einem Gespräch 1971, kurz nach seiner Übersiedlung in den Westen. Womöglich kann einer, der von Institutionen, von falschen Propheten und Hirten in der *„Welt der Wölfe/ Welt der Ratten"* (2, 66) seiner besten Jahre beraubt wurde, nur noch zum Apologeten der Freiheit werden? *„Und unter der Tanne/ der nicht zu Ende/ geschlagene Kreis aus Nadeln und Nässe./ Dies ist dein Zeichen. Vergiß die Hirten"* (1, 209).

Gott wird Welt im Sinn

Huchel als Dichter der kosmischen All-Einheit, der Ewigen Gegenwart, des ordo - ein Mystiker? Ja, vielleicht. Die wahre Mystik kennt keine Kirche, keine Konfession, es ist ihr um Erfahrungen zu tun, um die Berührung zwischen Gott und Mensch. Es ist nicht mehr von entscheidender Bedeutung, ob Huchel sich vom christlichen Kosmos ab - und einem muttergöttlichen Weltverständnis zugewandt hat, wie manche seiner Interpreten meinen. Dem vom *Anegang* des Seins Ergriffenen wird die dogmatisch korrekte Verknüpfung der Dinge zunehmend unwichtig, weil er in den Dingen selbst den Glanz der Ewigkeit wahrnimmt: *„Gott wird Welt im Sinn"* (1, 270). Dinggedichte sind Huchels Verse darum vielfach, Benennungen dessen, was ist. Und darum bevorzugt er auch als Zeitstufe das grammatische Präsens, das gleichsam das mythische Präsens und damit die mythische Präsenz herbeiruft, ein Verfahren, das an die Predigten der mittelalterlichen Mystiker erinnert, in denen das göttliche *Nu* der Ewigkeit als der Augenblick erfahrener Zeitenthobenheit beschworen wird. Indem die Dinge bei ihren Namen genannt werden, sollen sie als das erscheinen, was sie von sich aus sind. Unsere technisierte Weltsicht hat sich daran gewöhnt, im Ding vielfach nur das Material zu sehen, das unseren Zwecken Dienliche, mit dem wir schalten und walten, willkürlich, nach Belieben. Huchel verweigert sich dieser Sicht, seine Verse sind nicht-objektivierend, indem sie den Dingen ihren Raum lassen und sie in den Schutz der Metapher stellen (die Sprache ist das Haus des Seins, heißt es bei Heidegger). Es gelingt Huchel so, die Freiheit der Schöpfung zu bewahren. Damit gehört er in die leise, aber nachdrückliche Gemeinschaft der Modernekritik eines Heidegger, Friedrich Georg und Ernst Jünger oder Erhart Kästner. Wie sie sucht auch er das freie, das nichtbindende und nicht dem rationalen Kalkül unterworfene Wort, das sich dem Fortschrittsgerede entzieht. *„Ich weiß oft nicht, woher die Worte kommen. Es steckt viel Unbewusstes in der Arbeit“* (2, 372). Das Unbewusste ist das nicht der Vernünftigkeit Unterworfene; Huchel beschreibt hier nicht nur sein Arbeitsverfahren, das er einmal als *„Raunen“* bezeichnet hat: *„Ich raune ja meist meine Verse vor mich hin, ein paar Wörter sind da, vielleicht eine Metapher, ein paar Eisenspäne gleichsam. Sie kommen später in ein Magnetfeld hinein, werden strukturiert, es kommt zum Bild, zum Gleichnis, und dann ist das Gedicht da“* (2, 391) - er gibt dem Sein so im Wort das Eigenleben zurück, das es im Zugriff durch den Menschen immer wieder verliert. Der Mensch, der Dichter: Hirte des Seins! Der Mythos, also die Gegenwart des Göttlichen, wird im bedichteten Ding erkennbar. Das Wort kommt dem Dichter zu und im Wort das Sein: *Anegang*. Auf diesem Wege gewinnen die Benennungen der Dinge bei Huchel nahezu den symbolhaften Charakter von Mantras, die es stets neu zu sprechen gilt: *„Ich kam von vielen Dingen her/ mit magischer Gebärde,/ Tod sprach in mir und Wiederkehr/ in Wald und Tier und Erde“* (1, 269), so in einem frühen Gedicht von 1925. Auch Huchels Vokabeln der Bedrohung und des Todes, zum Beispiel *Schnee* (etwa 1, 69. 94. 114. 238), *Krähen* (etwa 1, 192. 204. 207. 216. 238), *Füchse* (1, 242), Sinn-Zeichen des Ausgeliefertseins, haben mantrisch-bannenden Charakter, ebenso auch die *Chausseen*, wie er die Straßen der Mark Brandenburg bezeichnet (vielleicht ein sprachliches Erbe der preußischen Hugenotten?), in denen er das Symbol des Nichtankommens (*„Kalt weht die Chaussee ins Jahr“*; 1, 133), der Heimatlosigkeit (*„Chausseen. Chausseen./*

Kreuzwege der Flucht"; 1, 141) oder der nahenden namenlosen Gefahr erkennt (*„Sie spürten mich auf/ Der Wind war ihr Hund./ Sie schritten die Schattenchausseen"*; 1, 102). Im Wort wird diese Gefahr aufgehoben.

Doch auch dort, wo keine Gefahr herrscht, wird das Wort zur Beschwörung des Seins: *„Ein Nußblatt wegs die Magd zerreibt,/ daß grün der Duft im Haar mir bleibt./ Riedgras saust grau, Beifuß und Kolk./ Im Dorf kruht müd das Hühnervolk"* (1, 53). Wenn der Nebel gefragt wird *„Willst du Baum und Mond verschlingen,/ Tier der Finsternis und fremd?"* (1, 68), so spüren wir sofort, dass mit der Nennung von Baum und Mond gleichsam Koordinaten in das ungestalte Chaos eingetragen werden; der bedrohlichen Finsternis wird dichtend, ahnend, glaubend der Sinn entgegengehalten. *„Wir schauten in den klaren Sternenhimmel,"* berichtet ein Besucher von einem Treffen mit dem Dichter in West-Berlin 1974 oder 1975. Und wie ein Vermächtnis klingen Huchels Worte: *„Ich glaube, daß es da oben etwas gibt"* (Hans Dieter Zimmermann in seiner *„Erinnerung an Peter Huchels Ausreise"* in: Peter Huchel, Leben und Werk). ‚Da oben gibt es etwas': Ein Credo, das aus der Beobachtung und Beschreibung der Landschaft hervorgegangen ist, einer beinahe sakramental verstandenen Landschaft (ausdrücklich taucht sie so auf als Geschändete in dem Vers *„Nackt und blutig lag die Erde, der Leib des Herrn"*; 1, 142), die also Mittler zwischen dem Menschen und dem Göttlichen wird; das Hier wird zum Symbol des Dort. Landschaft - Raum zum Leben; aller Angst, aller Dunkelheit, aller Vereisung zum Trotz ist noch Lebendigkeit spürbar. Die Gottesverfinsterung wird vielleicht nicht immer dauern. In einem seiner schönsten Gedichte wagt es Huchel, wieder von der Hoffnung zu sprechen, mit einem zweifelnden Fragezeichen versehen zwar und auch gegen jede (auch jede theologische) Vernunft. Aber die Erfahrung der Landschaft ermutigt ihn dazu: *„Wohin du stürzt, o Seele,/ Nicht weiß es die Nacht. Denn da ist nichts/ Als vieler Wesen stumme Angst./ Der Zeuge tritt* *hervor. Es ist das Licht.// Ich stand auf der Brücke,/ Allein vor der trägen Kälte des Himmels./ Atmet noch schwach,/ Durch die Kehle des Schilfrohrs,/Der vereiste Fluß?"* (1, 154f.).

„Wille ist eben alles, ohne ihn wird nichts erreicht" – Der Jüngling Otto Braun

Nicht allein die Musik, auch die Literatur hat ihre Wunderkinder. Der rostbraune Inselband mit der Vignette des antiken Ephebenkopfes ist noch in manchen Antiquariaten zu finden: Otto Braun, *Aus nachgelassenen Schriften eines Frühvollendeten.* 1919 gab ihn die Freundin der Mutter, Julie Vogelstein, gemeinsam mit dem Vater, Heinrich Braun, zum ersten Mal heraus. Das Buch erlebte etliche Neuauflagen. In der Weimarer Zeit, vor allem in den Kreisen der Jugendbewegung, hat es Züge einer regelrechten Braun-Verehrung gegeben, die sich an dem wenigen, was von seinem Schreiben und über ihn als Person bekannt wurde, förmlich berauschen konnte. Und als Reflex rauschhaften Erlebens treten uns auch Brauns Verse und Tagebucheintragungen mitunter entgegen.

Nackt in der Sonne Glanz
Spür ich des glühenden Gotts
Atem und heißen Hauch.
Lächeln die Gräser nicht,
Da er sie trunken tritt,
Taumelnd von Glut und Gesang?

Hoch ob dem stöhnenden Land
Wirft er auflachend den Leib
Steil in die schillernde Luft,
Und im Spiele den spähenden Blick
Neigt er erstaunt wie ein Kind
Auf die geöffnete Welt,
Die sich erharrend schmiegt,
Zittern in Gras und Baum.

Da umfängt ihn ihr Duft,
Und wie ein Schmetterling

Schwankend von Farbe und Licht,
Schwebt er langsam zu ihr.

Nackt in der Sonne Glanz
Spür ich des glühenden Gotts
Atem und heißen Hauch.

Als Entstehungstag dieses Pan-Gedichtes „*Fest des Sommers*" verzeichnet der Nachlassband den 13.7.1914. Braun war damals erst siebzehn Jahre alt. Von einem Jugendlichen darf man durchaus Schwärmereien erwarten. Auch haben andere ähnlich geschrieben und freilich auch besser, Rudolf Borchardt etwa oder Rilke. Aber sie hatten auch mehr Zeit. In den Versen Brauns ist trotzdem ein eigener Ton zu spüren, eine eigentümliche Melange aus dionysischer Daseinstrunkenheit und Kalkulation. Er weiß um sich, beobachtet sich selbst in seinem Rausch und kommentiert sich dabei. Sein Ausdruck ist zwar noch nicht frei - wie sollte er auch - , und doch ist er unverkennbar auf dem Weg zu solcher Freiheit. Aber weniger die Ahnung einer besonderen literarischen Begabung war es, die die Begeisterung der Nachkriegszeit ausgelöst hat, als vielmehr das Staunen über das jugendliche Alter Brauns. Die Herausgeber seiner Schriften haben diesen Effekt jedenfalls bewusst geplant und in die Tat umgesetzt. Ein Marketingkonzept.

Nun war der Junge oder der Jüngling, wie man gerne sagte, ohne Zweifel tatsächlich hoch begabt. Der Lehrer Josef Petzoldt schrieb an das preußische Unterrichtsministerium 1909: „*Im Alter von neun Jahren beginnt er mit einem systematischen Studium der deutschen Literatur, und heute, als zwölfjähriges Kind, besitzt er darin eine auf Lektüre der Originalschriften gegründete Kenntnis, die wahrscheinlich einem Kandidaten pro fac. doc. alle Ehre machen würde. Um der Heldenlieder willen lernte er Mittelhochdeutsch, um der Vorsokratiker willen Griechisch. Kunsthistorische und welthistorische Studien reihen sich an. Museen und Ausstellungen besucht er mit lebendigster Teilnahme, die Musik eröffnet ihm eine neue Welt, für Naturschönheiten der mannigfachsten Art hat er ein offenes Auge, und die Naturwissenschaften haben angefangen, ihn ernstlich zu fesseln.“* Petzoldt ersuchte darum, für einige Zeit von seiner Unterrichtsverpflichtung am Königlichen Gymnasium Berlin-Spandau freigestellt zu werden, um die weitere Ausbildung Brauns zu übernehmen. Das Ministerium beschied die, wie es hieß, *„befremdliche Eingabe“* des Gymnasialprofessors, der sich in einer eigenen Schrift mit Sonderschulen für hervorragend Befähigte befasst hatte, nach mehr als einem Vierteljahr *„entschieden ablehnend*“.

Es gab keinen Platz für Ausnahmeerscheinungen im Deutschland der Kaiserzeit. Doch gerade in einem solchen Klima konnten sie dann auch besonders gut gedeihen: Janusköpfigkeit einer Epoche. Otto Braun wurde zu ihrer kindlich-jünglingshaften Verkörperung. Schon vor seinem siebten Geburtstag beginnt er mit regelmäßigen Tagebucheintragungen. In die Schriften haben die Herausgeber erst Notizen des Neunjährigen aufgenommen. Als er nach dem Spiel mit dem Puppentheater vom Dienstmädchen den Auftrag bekam, sein Zimmer aufzuräumen, schreibt er: *„Ich fühlte in diesem Moment erst richtig, daß Befehlen und Befehlen und Gehorchen und Gehorchen ganz verschiedene Dinge sind. Früher vertrat ich immer den Standpunkt des Fortunat, wollte zwar schon immer hochkommen, aber eben auf Fortunats Wegen. Jetzt merke ich erst, daß ich nicht dazu gemacht bin, zu dienen. Das Befehlen ist mir angeboren. Ich fühle, ich werde einmal etwas Großes werden. Aber stolz will ich nicht werden, alle himmlischen Gewalten behüten mich davor! Unter anderem gaben mir Träume Gewißheit darüber*“ (13.1.1907). Wie gesagt: Hier schreibt ein neunjähriger Junge! In diesem Alter beginnt er auch mit einer Untersuchung über das Wesen des Staates, für die er über viele Jahre Material sammelt. Nicht weniger als das gesamte Gebiet menschlicher Kultur will er hier darbieten, und zwar so, dass sich alles zusammenfügt in der *„gewaltigen, übergeordneten Einheit, dem Staate, der Form, Ordnung, Agora ist“*, wie er mit zwölf Jahren dann sagen wird.

Was für ein Nährboden war es, auf dem eine solche Begabung überhaupt gedeihen konnte?' Seine Eltern waren im wilhelminischen Deutschland keine Unbekannten. Sein Vater, Heinrich Braun, (1854 - 1927), gehörte zu dem Flügel der deutschen Sozialdemokratie, der sich den Revisionismus-Theorien Eduard Bernsteins verpflichtet wusste. Bernstein, Nachlassverwalter von Friedrich Engels, hatte es 1896 - 1899 in einer Artikelserie in der von Heinrich Braun mitbegründeten *Neuen Zeit* unternommen, den orthodoxen Marxismus mit seinem Glauben an die Utopie der klassenlosen Gesellschaft einer Überprüfung zu unterziehen und dessen pragmatische Umsetzung in eine gangbare Politik der kleinen und gemessenen Schritte zu fordern - was von der SPD damals auch schon längst praktiziert wurde. Bernstein war für seine Reformvorschläge vom orthodoxen Flügel unter August Bebel und Clara Zetkin auf den Parteitagen von Hannover (1899) und Dresden (1903) dennoch des Abweichlertums geziehen worden. Die Geschichte der Sozialdemokratie Deutschlands hat gezeigt, dass er Recht behalten sollte. Braun wurde von den Publikationsorganen der Partei ausgeschlossen und suchte zweimal vergeblich, eine eigene Zeitschrift, *Die Neue Gesellschaft* (1905 und 1907), zu etablieren. Treueste Mitstreiterin war ihm hierbei seine Frau Lily (1865 - 1916), Tochter des preußischen Generals von Kretschmann, die seit 1893 in erster Ehe (gegen den Widerstand ihrer Familie) mit dem Kathedersozialisten und Gründer der *Gesellschaft für Ethische Kultur*, dem gelähmten Professor Georg von Gizycki (1851 - 1895) verheiratet war. In der *Gesellschaft* fand sie zur Frauenbewegung und trat hier in Reden und mit Aufsätzen als eine der Vorkämpferinnen der Gleichstellung der Frau hervor. Nach dem Tode Gizyckis heirateten sie und Heinrich Braun, der nach der

Scheidung von seiner ersten Frau weitgehend ohne Vermögen dastand. Als der Versuch einer Zeitschriftengründung gescheitert war, trug Lily Braun mit ihrer schriftstellerischen Arbeit entscheiden zum Lebensunterhalt bei. 1908 erschien *Im Schatten der Titanen*, 1909 und dann 1911 in zwei Bänden (*Lehrjahre* und *Kampfjahre*) die *Memoiren einer Sozialistin*, ein mitunter etwas kolportagehafter Entwicklungsroman, der in kaum verschlüsselter Weise ihren eigenen Weg von der preußischen Generalstochter zur „*Gefährtin der Elenden und der Verfolgten*" nachzeichnet.

Am 27. Juni 1897 kam ihr Sohn Otto in Berlin zur Welt. Über die Zeit ihrer Schwangerschaft schrieb seine Mutter: „*Sonnengesegnet sollte es sein, mein Kind! Ich war nicht mehr Ich. Das geheimnisvolle Leben unter dem Herzen hatte von mir Besitz ergriffen. Ich ward mir selbst zum Heiligtum. Ich pflegte meinen Körper wie der Gläubige den Schrein, der das Allerheiligste birgt. Und meiner Seele Eingang hüteten goldgepanzerte Wächter; die Schärfe ihres Schwertes traf jeden bösen Gedanken, ihren Speeren entging kein niedriges Gefühl. Denn mein Körper und meine Seele nährten das neue Leben. Kein Tropfen des Giftes durfte in ihnen sein. Ich wünschte mir einen Sohn. Einen, der ein Führer und Vorkämpfer werden könnte. Aber die Erfüllung dieses Wunsches schien mir fast zu viel des Glücks*" (aus den *Memoiren*). Ein Kind, das so ersehnt und begrüßt wird, kann keinen herkömmlichen Weg einschlagen. Und in der Tat, Ottos Entwicklung und seine Anlagen berechtigten zu besonderen Erwartungen. Die Eltern gaben ihn darum nach der Volksschulzeit 1907 in die ein Jahr zuvor von Paul Geheeb (dem späteren Gründer der Odenwaldschule) und Gustav Wyneken ins Leben gerufene *Freie Schulgemeinde Wickersdorf*, ein Schulversuch in Gestalt einer von der Jugendbewegung geprägten Lebens- und Arbeitsgemeinschaft zwischen Lehrern und Schülern. Otto hat dort allerdings sehr gelitten und kam 1908 an ein Berliner Gymnasium. Doch schon bald übergaben seine

Eltern seine weitere Unterrichtung Privatlehrern. Wie sollte sich auch ein Elfjähriger in den Schulbetrieb eingliedern lassen, der von sich selbst in einem Brief an seine Mutter sagte: *„Noch ist für mich die Zeit nicht gekommen, daß ich in das Leben eintreten, daß ich den großen Schritt vom Jüngling zum Mann tun werde. Denn das ist der Unterschied zwischen Jüngling und Mann, daß der Mann kämpft und der Jüngling das Erkämpfte genießt. O, wenn ich doch schon kämpfen, erwerben könnte! Dann würde ich Dir goldene Paläste bauen zum Dank dafür, daß Du mich geboren und erzogen hast, und Dir die Welt zu Füßen legen, auf daß Du sie regierst und sie lenkst nach Deinem und der Gottheit Willen"* (Frühling 1908).

Schon in diesen frühesten veröffentlichten Notizen (Braun selbst hat nicht für ein Publikum geschrieben; zu seinen Lebzeiten erschien nur ein Gedicht im Druck - gegen seinen Willen!) klingt ein Gedanke an, der sich dann durch alle Tagebuchaufzeichnungen, Aufsätze, Entwürfe und Dichtungen des Jungen ziehen wird: Alles in der menschlichen Kultur soll Entwicklung sein, ein Aufstieg vom Niederen zum Höheren. Und der einzelne Mensch hat die Verpflichtung, sich als Teil dieser Entwicklung durch die Erziehung des Selbst würdig zu erweisen. *„Der rechte Weg liegt in einem"* (16.7.1910); *das „Größte am großen Menschen ist immer er selber, sind nicht seine Werke"* (27.6.1910). Denn *„dazu ward uns zuerst das Licht der Augen, und dazu ward uns zuerst der Gedanke, daß er aus der Nacht einen Tag erdenke! Und dazu ward uns zuerst der Wille und die Kraft, daß sie den Tag schaffen"* (16.4.1911).

Entwicklung, Selbsterziehung, Wille - es ist reines Tatmenschentum, das uns hier aus den Worten eines Kindes entgegen klingt. Und es nimmt nicht wunder, dass unter seinen Heroen einige Namen immer wieder auftauchen: Napoleon (*„Selten sah ich etwas so Herrliches! Der offene, lebendige, etwas* *höhnische Mund, die prachtvolle Klarheit und Regelmäßigkeit der Züge vereinigen sich zu einem Bilde von wunderbarer, fast klassischer Schönheit. Würde und Hoheit liegen mächtig darin und besonders eine grenzenlose Erhabenheit über das Kleinliche"*, so am 14.12.1912 in Paris vor der Totenmaske Napoleons), Nietzsche, Stefan George. Überhaupt wäre Braun im Kreis um George durchaus vorstellbar gewesen. Auch er hatte eine Vorliebe für die Antike (*„die große Erregung, das Gewaltige, Ungeheure, was dem Griechentum seine Religion, besonders die neu einbrechenden Demeter- und Dionysoskulte auf der einen Seite, die Perserkriege auf der anderen gaben"*; Florenz, 14.5.1913) und für die Erziehung zur Elite (*„Das Höchste, was ein Mensch im Leben erreichen kann, ist nicht Ruhm, nicht Glück, nicht einmal Größe, ja auch nicht, was mir bisher das Höchste erschien, das Werk, sondern es ist nur: Vorbild werden, ein solcher, der allein durch sein Dasein Welt und Menschheit bestimmt"*; 24.12.1917). Und auch er erwartete ein kommendes Reich: *„Das innere Pathos der neuen, durch alle Feuer des Modernen gegangenen und geläuterten Kultur wird dem der Antike nahestehen (...) Ich sehe einen heranschreiten durch die Straßen der deutschen Hauptstadt, die rote Fahne in der Hand, einen antikischen Menschen, und ich sehe ihn besiegen die schmählichen Geschlechter und Fürsten von heute, -Eintagsfliegen ohne Mark und Bein-, und ich sehe ihn gründen ein neues Reich mit starken, schönen Menschen, groß und herrlich in einer neugebauten Stadt mit Arkaden und Thermen und Gymnasien und Alleen und prangender Größe, ein antik-modernes Reich"* (22.7.1911). Es kann einem schier den Atem verschlagen, dies hier zu lesen. Womöglich war es die Herkunft aus einem sozialistischen Elternhaus, die eine posthume Aufnahme Brauns durch die Nationalsozialisten in deren Ahnenreihe verhindert hat. Doch stehen neben solchen Äußerungen des Jungen auch diese: *„Daß der Kräftigere im Kampf ums Dasein siegt, wie Darwin sagt, wird im Tierreich wohl zutreffen, denn dort sind eben körperliche Kraft, List und*

Gewandtheit die einzigen Maßstäbe. Beim Menschen gibt es aber auch andere, und der plumpe Rohling, der den weniger Geriebenen im Kampfe unterdrückt und in unsichere Verhältnisse bringt, ist noch lange nicht der Überlegene. (In) *dem vorwiegend schlechte und wertlose Eigenschaften wachrufenden Kampfe ums Geld* (wird) *alles in Mitleidenschaft gezogen* (...), *und der Mensch* (kommt) *vor der Sorge um das tägliche Brot oft nicht dazu* (...), *seine Anlagen gedeihlich zu entfalten. Deshalb wird es die Aufgabe sein, gleiche Kampfbedingungen zu schaffen, und das ist ja schließlich auch die wesentlichste Voraussetzung des Sozialismus, den Menschen zuerst eine gesicherte Grundlage zu geben, damit jeder die ihm eigenen Fähigkeiten, unterstützt natürlich durch eine ganz andere Erziehung als die heutige, voll entfalten kann, um sie mit den anderen im wahren Kampfe zu messen*" (25.9.1911).

Ein elitärer Sozialismus ist es also, von dem er sich beflügelt weiß, phrasenhaft in vielem, trotzig aus der Abgrenzung lebend (gerade auch aus der zum Christentum und zur Kirche; der Elfjährige hatte eine Schrift *Antichristentum* entworfen, in der er nichts weniger als eine neue Religion zu begründen suchte, die auf der harmonischen Vereinigung von Geist und Körper beruhen sollte), mit einem plakativen Pathos - und dennoch durchaus echt empfunden in seiner Emphase. *„Zwei Worte gibt es, die ich jetzt vor allem liebe: Dienst und Haltung. Daß all unser Leben ein Dienst sei am Werk, heilig gefühlt, und wir unser Dasein in vollendeter Haltung leben, Haltung, hier gefaßt als durchgebildete Geistigkeit, innen glühend von Leidenschaft, außen aber stahlhart gehämmert, in herrlichem Maße das Maßlose bergend, das scheint mir notwendig. Wenn ich auf meinen Staat schaue, Symbol des Unendlichen wie jedes Endliche, mir aber vor den andern sichtbares Symbol, das ich, wie jene Heilige den Namen Christi, stets im Herzen trage, dann erscheint er mir ganz streng und groß und vollkommen geformt, innen aber* *von der vielfaltigsten Bewegung und dem buntesten Spiel der Kräfte"* (21.10.1915).

Diese Zeilen an die Eltern schrieb er schon aus dem Feld. Siebzehnjährig hatte Braun sich gleich mit Kriegsbeginn als Freiwilliger gemeldet. Er wird zunächst zurückgewiesen, rückt dann aber, nach Vermittlung durch Generalfeldmarschall von Mackensen, dem ehemaligen Adjutanten seines Großvaters, nach Polen ein. Die Notizen dieser Zeit zeigen, wie ihm immer wieder die Idee als Schlüssel zur Wirklichkeit des Krieges wird: *„Die Tragik dieses Krieges an sich verschwindet mir fast vor der Tragik der ganzen Epoche, und dennoch regt sichs leis in mir, daß einmal jene diese zu beheben und zu verklären vermag und vielleicht im letzten Sinne zu lösen. daß aus dem chaotischen Gewühl der Zeit im Atem dieses Krieges wieder Leib und Gestalt wird, wieder ein Gott emporwächst"* (an den Vater am 24.10.1916). Idealismus als Überlebenshilfe. Als er den Auftrag erhält, mit einem kleinen Trupp die bereits verwesenden Leichen von Soldaten zwischen den Stellungen zu bergen und die Kameraden sich weigern, herrscht er sie mit den Worten an: *„'Wenn euer Geist die Verwesung nicht meistert, so meistert sie euren Geist.' Dann sprach er in die dunkle Nacht Verse der Ilias."* Die Toten wurden ohne Murren geborgen (so ein Kamerad nach Ottos Tod in einem Brief an die Familie). Am 8.8.1916 stirbt seine Mutter (*„Reise. In Warschau Telegramm: ‚Hoffnung auf Genesung vorhanden.' In Thorn: ‚Mamas Zustand leider sehr verschlimmert.' Um zwölf nachts in Berlin, Vater am Bahnhof. Aus."*), am 11.11.1916 wird er am linken Arm und im Gesicht so schwer verwundet, dass er erst im Februar 1918 wieder einsatzfähig ist. Er kommt an die Westfront. Am 29.4.1918 endet ein Granatvolltreffer in Marcelcave sein Leben. Die letzte Tagebucheintragung am Vortag endete mit den Worten: *„Wie ich schon bei meinem diesmaligen Ins-Feld-Rücken das Gefühl von einem großen Wechsel hatte, der mich* *erwartete, so auch jetzt. Es ist so schon die Zukunft ganz undurchsichtig, und man kann sich allerlei bunte Farben und Zauberlandschaften hineinmalen."*

Ein Frühvollendeter? Er hinterließ einen Berg von Papier, Gedichte in den unterschiedlichsten Metren und Formen (davon sind in die *Nachgelassenen Schriften* 21 aufgenommen), historische, staatspolitische, philosophische und militärische Arbeiten, ein Romanfragment (*Sigurd vom Walde*), die dramatische Dichtung *Eros und Psyche* nach Apuleius und sechsundzwanzig Bände Tagebücher. Auf zwei Bildern des Nachlassbandes ist er zu sehen, en face als Zwölfjähriger mit schulterlangem Lockenhaar über einem Matrosenkragen und im Profil als siebzehnjähriger Soldat mit Pickelhaube. Beide Portraits zeigen einen Jungen mit verschlossener, abweisender Miene, nicht unbedingt arrogant zu nennen, aber in seiner Pose seiner selbst sehr bewusst. Eine Laune des Geistes, des Weltgeistes gar?

O laßt mich wachsen wie die Bäume, Glitter,
Aufblühen wie die Blumen, laßt mich knospen
Und öffnen mich im Juni, von der Sonne
Erglüht und heiß, vom Regen naß, vom Wind
Samen umgossen, laßt wie eine Blüte
Des Nachts mich meine Kelche schließen, schüttet
Des Morgens Tau, des Vorfrühjahres Sturm
Auf meine wachen Wimpern, gebt, O gebt,
Daß blitzgetroffen ich der Eiche gleich
Auflodernd untergehe oder auc
Wie eine Blume meine reifen Samen,
Indes ich knicke, in die Acker säe.
(28.3.1914)

Im Augenblick

Eines Tages wehte mich das Unermessliche an.

- Was für eine Formulierung, werden Sie sagen, welch ein Wort!

Aber doch, ich versichere Ihnen, es war das Unermessliche selbst, das mich berührte. Ich könnte es auch das Ungeheuerliche nennen, das Grenzenlose, einen Engel, es gibt nicht nur einen Namen, den ich für angemessen halte.

- Ja, und was geschah nun? höre ich Sie ungeduldig fragen, aber Sie müssen schon etwas mehr Zeit aufwenden als sonst, damit Sie verstehen, was ich meine.

Also: eines Tages wehte mich das Unermessliche an. Es war tatsächlich ein Wehen, ich meinte erst, einen Luftzug oder Windhauch zu verspüren, der sich um meinen Kopf legte, als ich gerade vom Flur her das Wohnzimmer betreten hatte und mich eben in einen Sessel fallen lassen wollte. Eine kleine Bewegung, nur ein verschwindender Augenblick, der sich kaum abhob von den vorhergehenden. Und doch nahm ich es so wahr, dass ich gar nicht auf den Gedanken verfiel, nach einem geöffneten Fenster oder einer Tür zu schauen, die nicht ins Schloss gezogen war, all das, was man sonst unternimmt, um Gegenzug zu verhindern. Als ob sich etwas vorbereitete, von dem ich noch nichts ahnte, eine Ankündigung gleichsam.

- Lächerlich, wenden Sie nun ein, nur, weil eine kleine Böe in Ihrem Zimmer wehte.

Geben Sie nur acht, es wird noch eigentümlicher.
Ich saß in meinem Sessel und hatte ein Buch zur Hand genommen. Sie wissen, dass ich nicht nur ein großer, sondern sogar ein besessener, ein furorischer Leser bin. Man sagt mir nach, ich sei sehr belesen, und das ist auch in gewisser Hinsicht richtig, aber manchmal kann es auch wie ein Fluch sein, diese wütende Suche nach der Bestätigung unserer Ahnungen, ein Fluch, der verhängt wurde und der nur durch einen Spruch ungültig, ausgelöscht werden kann. Sozusagen ein Gegenfluch. Oder nennen Sie es auch Segen. Und diesen Spruch suche ich dann immer im nächsten Buch, nach dem ich greife. Wenn es die Wirklichkeit überhaupt gibt, dann ist sie in den Büchern zu finden, nicht in diesem einen oder jenem anderen, sondern in allen, in der großen Bibliothek der geschriebenen und ungeschriebenen Bücher. Und das Leben, es ist nichts als der Versuch, dieser Wirklichkeit zu entsprechen, sich ihr ähnlich zu machen. Denn wir sind ihre Schauspieler. Darum werden wir beim Lesen doch immer wieder so seltsam an irgendetwas erinnert, das uns bekannt vorkommt, als wäre das, was in den Büchern zu finden ist, nur eine Vorwegnahme dessen, was wir selbst sind und suchen. Dann sind wir auf den verborgenen Text gestoßen, den wir stets nachsprechen. Ein ferner Nachklang, ein leises Beben, wir sehen bestätigt, was wir suchen und suchen nur das, was wir zu finden hoffen und auch finden werden.

- Lenken Sie nicht ab, Sie wollten etwas berichten.

Aber ich lenke doch gar nicht ab!
Also, ich hielt das Buch in der Hand, schlug es auf, und meine Augen folgten den Wörtern, Zeile für Zeile, gierig, wie es meiner Art entspricht. Aber ich merkte schon sehr rasch, dass ich das Gelesene nicht aufnahm, es bildete sich jenes Einvernehmen nicht zwischen mir und den Worten, nach dem ich

immer verlange.

- Sie waren unkonzentriert, nicht bei der Sache!

Ja, ja.
Ich legte darum das Buch unzufrieden zur Seite und beschloss, einen kleinen Gang durch die Oberstadt zu machen. Wie ich Ihnen erzählt habe, konnte ich nach einigem Suchen glücklich eine Wohnung mitten in dem Gewirr von Altstadtgassen zwischen Fluss und Schloss finden. Wenn ich das Haus verlasse, stehe ich in einer Museumsstadt. Und in Museen werden auch Mumien zur Schau gestellt. Ich wandte mich, aus der Haustür tretend, nach links, dem Schlossberg zu. Der Anstieg kann, zumal für einen starken Raucher wie mich, recht mühsam sein, aber ich brauchte jetzt etwas, dem ich Widerstand entgegenstemmen konnte, weil diese eigenartige Stimmung nicht weichen wollte. Die Entfernungen in unsrer Kleinstadt sind nicht besonders groß, aber auch dann, wenn man direkt zum Schloss hinaufgeht, braucht es doch eine halbe Stunde. Gleich hinter der Gasse, in der meine Wohnung liegt, öffnet sich ein kleiner Platz, auf dem eine alte Linde steht, wie in einem Volkslied. Von dort sieht man schon die Fußgängerzone, es sind nur wenige Schritte über eine ansteigende Verbindungsgasse, die sich auf der anderen Seite der Geschäftsstraße fortsetzt und jetzt steil auf das Schloss zugeführt wird. Zu dieser Stunde herrscht immer ein reger Betrieb und man muss stets gewärtig sein, irgendeinen weitläufigen Bekannten zu treffen. Aber das hätte mich nur aufgehalten, ich wollte mit niemandem reden müssen. Meine Gespanntheit hatte eher noch zugenommen. Darum überquerte ich die Fußgängerzone rasch und suchte den Schutz des schmalen Weges neben dem alten Brunnen. Mir ist diese Gasse eine der liebsten, weil sie bisher von der antiquierenden Wut verschont geblieben ist. Aber an dem Tag hatte ich kaum einen Blick für die tanzenden Stufen, die zu den Häusern führen. Die

Bewegung selbst, das Ausschreiten war es, nach dem mich verlangte, der sinnliche Reiz der Anstrengung. Darum kostete ich jeden Schritt aus. Bald schon war der Kirchplatz erreicht, der, wie immer um diese Tageszeit, mit parkenden Wagen zugestellt war. Hinter der Kirche beginnt ein stufenreicher eingefasster Treppenweg, der erst zur Straße der alten Ritterhäuser führt und sich dann hart am Felsen emporrankt, bis er kurz unter dem Geiernest des Schlosses auf die alte Verbindungsgasse mit der Stadt mündet. Dort blieb ich stehen und sog mit bebender Lunge das Arom des warmen Steins ein, der mit Farnen und Kräutern überzogen war. Aus der nahen Gastwirtschaft ertönten greinende Schreie. Das Licht wurde strenger. Hinter dem grauen Tor öffnet sich der Schlossvorplatz, meist übervölkert von Besucherhorden. An diesem Tag aber war er leer. Auch an der Umfassungsmauer, die den Steilhang gegen den Platz hin sichert, stand niemand. Sonst ist er ein Ort für Paare oder auch einsam-theatralische Grübler. Ich trat heran. Über dem Tal lag ein leichter Gazeschleier von Dunst. Die Ferne sprang mich an. Und doch bot sich das Bild in einer feierlichen und heiteren Weise meinen Blicken dar. In feinste Spuren zerlegt herrschte das Sonnenlicht über die Stadt und ihren Fluss und brachte wie eine zarte Firnisschicht jedes Ding zum Leuchten. Erst war es nur ein Schimmer, ein verhaltenes Glimmen, doch dann wurde es immer stärker und kräftiger, schien aus dem Inneren der Dinge heraus zu sickern und ließ dann in einer überraschenden und gewaltigen Explosion die Farben selbst hervorbrechen, Lohen reiner und ungetrübter Farbigkeit, Rot, Grün, unerbittlich in ihrer Steigerung, sie drohten, über mir zusammenzuschlagen. Auf der gegenüberliegenden Seite des Flusses schlossen die Bäume sich zu einer lastenden Wand und waren doch einzeln zu erkennen, ihre Kronen und Stämme, und auch die Häuser und Dächer gerade unter mir bildeten im Glast eine einzige Fläche, die nach einer geheimen Ordnung geformt war, bedeckt mit einer brüchigen Patina, deren feines Gespinst dunkler Linien alles zu einer Einheit zusammenband. Erst

hinter dem Talausgang floss es ineinander. Das Licht sog alle Unterscheidungen in sich auf und breitete zugleich seine schmerzende Klarheit über das ganze Bild. Der warme Mauerstein, die Gärten, die Stadt, der Fluss, die Wälder, es war alles an seinem Ort.
Der Augenblick war also noch nicht vorüber, er dauerte an. Vom nahen Bergfried warf sich eine Dohle mit einem heiseren Schrei gegen die spiegelnde Luft. Sie kam dicht an mich heran, schien kurz über mir zu stehen, doch dann zog sie ihre Bahn über dem Talbogen, flog in weiten Schleifen und Kreisen, die sie immer wieder in meine Nähe brachten, über dem Hang. So nahe war sie, dass ich deutlich die dunkle Kopfplatte und das hellere Grau des Körpergefieders unterscheiden konnte. Sie ließ sich von dem leichten Wind tragen, als triebe sie ein Spiel, so als folgte sie Wegen, deren Verlauf nur ihr bekannt oder sichtbar waren. Man müsste es deuten können. Doch so blieb es nur Hinweis. Aber ich ahnte jetzt, was der Satz bedeuten könnte, dass das Licht eine Sprache Gottes ist, die unser Sinn unablässig buchstabiert. Eine zweite Dohle hatte sich vom Turmdach gelöst, eine dritte folgte, sie flogen versetzt übereinander, kreisten in einer enger werdenden Spirale über dem Schloss und stürzten plötzlich unter lautem Rufen hinab, bis sie fast die Ziegel zu berühren schienen, fingen sich und verschwanden hinter einem vorspringenden Giebelerker. Auch den ersten Vogel konnte ich nicht mehr entdecken.
Aber Sie sind ja so still!

- Sicher, ich habe Sinn für Kitsch.

Seien Sie nicht so barsch.
Ich hatte jedenfalls nicht allein den Flug der Tiere verfolgt. Ein kleiner Junge war hinter mir auf die Mauer geklettert und hatte mich durch einen Ausruf auf sich aufmerksam gemacht. Als ich mich ihm zuwandte, rief er erneut, was,

konnte ich nicht verstehen, aber er deutete mit den Armen hinauf, als wolle er die Dohlen wieder an den Himmel heften. Dann winkte er mir zu, nicht ungelenk und fröhlich, wie Kinder es sonst tun, sondern bestimmt, fast gebieterisch, als sollte ich seinen Gruß empfangen. Er sprang von der Mauer wieder auf den Platz zurück und folgte ihrem Lauf bis dort, wo der Weg wieder hinab führt. Dann konnte ich ihn nicht mehr sehen. Der Platz war leer. Mehr kann ich Ihnen nicht erzählen.

- Das war also der sonderbare Augenblick? Hat Ihr kleiner Hermes Ihnen nicht eine Botschaft zurückgelassen?

Doch, ich glaube schon.

- Nun?

Eine Mahnung.

- Eine Mahnung?

Ja. Die Unschuld des Werdens, es gibt sie nicht.

- Und das soll ich verstehen?

Ich entziffere sie doch auch erst allmählich.

Nachweise

„Gott wird Klang – Erfahrungen mit Psalmen“, Quatember 2/2007

„Der schweigende Glaube“, Quatember 1/1996

„Der Verborgene“, Quatember 1/2008

„Vom Zweifel – Dem Apostel Thomas gewidmet“, Hessisches Pfarrblatt 3/1997

„Partisan des Anderen“, Quatember 3/2006

„Desiderium semper orat“, Quatember 4/2003

„Zur Ästhetik des Augenblicks“, Una Sancta 1/2000

„Nachfolge“, Quatember 3/1999

„Dir künd ich auf ewig Hohn!“, Mitteilungsblatt der Hochkirchlichen Vereinigung Augsburgischen Bekenntnisses 2/1997

„Die Mystik des Ortes – Eine Annäherung“, Quatember 1/1997

„Freiheit in der Gefahr“, Quatember 4/2008

„Dichtung und Wahrheit“, Quatember 2/2010

„Dich will ich rühmen, Erde“, Quatember 4/1998

„Wille ist eben alles“, bisher unveröffentlicht

„Im Augenblick“, bisher unveröffentlicht

Printed by Books on Demand GmbH, Norderstedt / Germany